Excel
人力资源管理

不加班的秘密

齐涛◎编著

机械工业出版社

CHINA MACHINE PRESS

本书以人力资源各个模块为主线，讲解如何将 Excel 应用到各项工作中，以提高工作效率。本书作者有超过 15 年的人力资源管理经验，对人力资源管理工作有全面深入的理解，熟知 HR 应用 Excel 的难点、痛点。

本书共 8 章，按人力资源管理模块划分，前 7 章分别讲解 Excel 在员工信息管理、员工信息分析、招聘管理、考勤管理、绩效管理、薪酬管理、培训管理中的应用，最后一章是在前面章节知识基础上的一个拓展，主要讲解人力资源数据看板的知识，这也是不少 HR 没有接触过的内容。

本书适合企业人力资源从业者阅读，也适合高等院校、人力资源管理培训机构的师生阅读，非人力资源从业人士也可以借助本书案例来提高自己的 Excel 应用水平。

图书在版编目（CIP）数据

Excel 人力资源管理：不加班的秘密 / 齐涛编著 . —北京：机械工业出版社，2021.5（2024.7 重印）

ISBN 978-7-111-68097-0

Ⅰ . ① E⋯　Ⅱ . ①齐⋯　Ⅲ . ①表处理软件 - 应用 - 人力资源管理

Ⅳ . ① F243-39

中国版本图书馆 CIP 数据核字（2021）第 078204 号

机械工业出版社（北京市百万庄大街 22 号　邮政编码 100037）
策划编辑：李培培　　责任编辑：李培培　张淑谦
责任校对：张艳霞　　责任印制：张　博

北京建宏印刷有限公司印刷

2024 年 7 月第 1 版·第 3 次印刷
169mm×239mm·13.25 印张·257 千字
标准书号：ISBN 978-7-111-68097-0
定价：89.00 元

电话服务　　　　　　　　　　网络服务

客服电话：010-88361066　　机　工　官　网：www.cmpbook.com
读者购书：010-88379833　　机　工　官　博：weibo.com/cmp1952
读者购书：010-68326294　　金　书　网：www.golden-book.com
封底无防伪标均为盗版　　机工教育服务网：www.cmpedu.com

-前 言-

近几年，作者在人力资源数据分析及培训方面投入的时间和精力比较多，在培训过程中发现学员们学习数据分析的共性问题之一就是 Excel 操作不熟练，导致学习比较艰难。学习结束后又有不少学员碰到了另外一个问题，即应用到工作中困难重重，主要原因就是没有好的方式方法来收集足够的基础数据。要知道在人力资源数据分析中，工具的使用只是其中一项内容，但即使这样也难倒了不少人，限制了他们工作效率的提升和学习知识的精进。

通过这些年的培训和辅导，作者发现 HR 学习 Excel 时有以下共性问题：

① 不能结合工作场景学习。Excel 的操作技能是通用的，它和工作相结合，便具备了具有工作特色的操作。从学习 Excel 操作技能再到将其应用于工作场景中，这样的学习效果反而没有直接结合工作场景学习更快捷。有不少结合 HR 案例的 Excel 讲解，这些案例和工作场景不同，并没有考虑整体情况，只解决了片面的问题，对整体工作效率可能不会有较大的提升，或者为了满足片面的效率提升而牺牲了其他方面的效率。

② 没有掌握正确的学习路径。Excel 最好的学习路径是做表→数据录入→数据汇总→数据分析→图表展示，围绕着这条学习路径展开各项知识的学习，这是一条事半功倍的学习之路。由于各方面原因限制，不少 HR 并不能按照这条路径学习，导致事倍功半。

③ 只学技法不学心法。这些年，作者一直在教 Excel 心法，告诉大家如何把 Excel 学好、用好，但是发现喜欢技法而忽略心法的人仍占大多数，人们都喜欢炫酷的、吸睛的操作，但要知道，心法远比技法重要。Excel 真正和工作系统深入结合是不会有太多炫酷技巧的，都是以润物细无声的方式融入工作中。

所以如何让 HR 更快地掌握 Excel 知识、更好地应用到工作中是作者一直在考虑的问题。综合各方意见以及作者在培训过程中长期的总结，便有了此书的框架。

本书综合考虑 HR 的各种学习和工作需求，以员工信息管理、员工信息分析、招聘管理、考勤管理、绩效管理、薪酬管理、培训管理等为模块来讲解 Excel 在人力资源管理中的应用，帮助 HR 解决工作中的实际难题。

本 书 特 色

即学即用

本书数据全部来自 HR 实际工作，结合人力资源管理知识，以 HR 各个模块的实际工作场景系统讲解 Excel 的应用，可以直接拿来应用到工作中或根据设计和解题思路稍微调整便可应用到工作中。

系统学习 Excel 操作

本书中各模块知识讲解以指出 HR 常见的错误应用为始，依次讲解了表格设计、数据汇总、数据分析、图表展示等知识，可以让读者系统学习 Excel 知识。书中案例和讲解不仅能让读者知其然，也能知其所以然，可以让学习 Excel 操作知识的读者快速进入学习状态，迅速掌握 Excel 操作知识。

视频结合学习

针对书中的重点难点，作者专门录制了讲解视频，通过扫描书中的二维码即可观看视频，可以节省读者学习时间，不用反复精读、细读书中的一些内容。

贴心的社群交流

本书作者创建了专门的学习交流群，为读者解答各种问题，同时也方便全国各地的读者互相交流，本书的 QQ 群号：920974124。

本 书 内 容

本书共 8 章，前 7 章讲解 Excel 在人力资源管理各模块中的应用，基本主线是错误指出、表格设计、数据汇总、数据分析、图表展示。其中第 1～2 章讲解员工信息管理，第 3 章讲解招聘管理，第 4 章讲解考勤管理，第 5 章讲解绩效管理，第 6 章讲解薪酬管理，第 7 章讲解培训管理，第 8 章是在前 7 章内容基础上的知识

提升，主要讲解数据看板的应用，让 HR 真正接触人力资源数据分析中的内容，开启知识新大门。

通过学习此书，读者可以有以下收获。

● 纠正工作中的错误操作，建立正确的操作习惯。

● 培养表格设计理念，可以举一反三，快速设计工作中的其他表格。

● 掌握数据汇总操作，可以更快、更便捷地操作数据。

● 掌握图表知识，能够在不同的数据和场景下，使用不同的图表展示内容。

═ 软 件 版 本 ═

本书是基于 Office 365 软件编写的，建议读者使用 Office 365 进行学习，同时，装有 Office 2016 及以上版本的读者也适合学习此书，其他版本可能会有操作不同之处，不过大多数内容操作并无太大不同。

═ 致　谢 ═

真诚感谢机械工业出版社李培培编辑，如果没有她的邀请、支持与鼓励，本书恐怕也只能是作者计算机中的一个文档。

由于作者水平有限，书中难免有纰漏之处，敬请读者批评指正，同时也欢迎各位朋友与作者一起交流工作中的实际问题。

齐　涛

目录 CONTENTS

3 招聘管理——全面深入的招聘数据管理 / 56

4 考勤管理——标准自动化的考勤处理 / 91

5 绩效管理——科学合理的绩效核算 / 120

CHAPTER

1

员工信息管理——
规范全面的员工信息整理

员工信息表（有公司也叫花名册），是人力资源部门必备的基础信息表之一，它用来统计公司员工各项信息，用于记录员工情况，便于进行员工管理。员工信息表每个公司都会有，但是如何把员工信息表做好、提高工作效率，是需要公司 HR 有一套规范做法的。

1.1 混乱的员工信息表

不少 HR 设计和使用的员工信息表，或多或少存在一些问题，这些错误的存在将会限制 HR 工作效率的提升。员工信息表的作用不仅仅是记录和查询员工信息，最重要的作用是数据汇总，统计分析有意义的数据，为人力资源管理提供决策支持，所以一个完善的员工信息表是非常有必要的。

下面解析一下员工信息表中常见的错误应用。

 错误 1：多余的表名

给表格加表名是不少 HR 的习惯，其实加表名没有任何实际意义，而且还有可能对 Excel 的操作带来一些负面作用，例如将光标定位在任意一个单元格，单击【筛选】，默认是对第一行进行筛选，而第一行是表名，这明显是不正确的。

如果想给表格加一个表名，将工作表标签修改为相应的内容即可，见图 1-1。

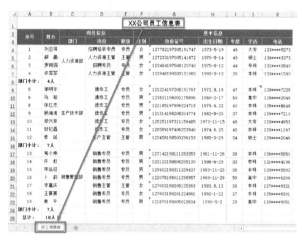

●图 1-1　多余的表名

 错误 2：使用多行标题

多行标题是为了让各列信息分类更加清晰，但是对于 Excel 表格来说，多行标题的出现（见图 1-2），会给排序、筛选、分类汇总、数据透视表等带来非常大的影响，所以在员工信息表中不允许多行标题的出现。把多行标题改为一行标题，同样不影响阅读信息，而且能给统计汇总数据带来非常大的便利。

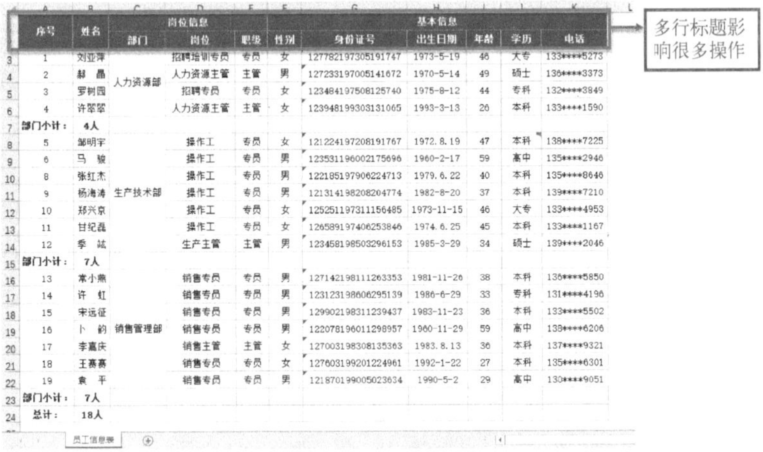

序号	姓名	岗位信息			基本信息					
		部门	岗位	职级	性别	身份证号	出生日期	年龄	学历	电话
1	刘亚萍		招聘培训专员	专员	女	127782197305191747	1973-5-19	46	大专	133****5273
2	郝 晶	人力资源部	人力资源主管	主管	男	127233197005141672	1970-5-14	49	硕士	136****3373
3	罗树园		招聘专员	专员	女	123484197508125740	1975-8-12	44	专科	132****3849
4	许翠翠		人力资源主管	主管	女	123948199303131065	1993-3-13	26	本科	133****1590
部门小计：	4人									
5	邹明宇		操作工	专员	女	121224197208191767	1972.8.19	47	本科	138****7225
6	马 骏		操作工	专员	男	123531196002175696	1960-2-17	59	高中	135****2946
8	张红杰		操作工	专员	男	122185197906224713	1979.6.22	40	本科	135****8646
9	杨海涛	生产技术部	操作工	专员	男	121314198208204774	1982-8-20	37	本科	139****7210
10	郑兴京		操作工	专员	女	125251197311156485	1973-11-15	46	大专	133****4953
11	甘纪磊		操作工	专员	女	126589197406253846	1974.6.25	45	本科	133****1167
12	季 竑		生产主管	主管	男	123458198503296153	1985-3-29	34	硕士	139****2046
部门小计：	7人									
13	常小燕		销售专员	专员	男	127142198111263353	1981-11-26	38	本科	136****5850
14	许 虹		销售专员	专员	男	123123198606295139	1986-6-29	33	专科	131****4196
15	宋远征		销售专员	专员	男	129902198311239437	1983-11-23	36	本科	133****5502
16	卜 韵	销售管理部	销售专员	专员	男	122078196011298957	1960-11-29	59	高中	138****6206
17	李嘉庆		销售主管	主管	女	127003198308135363	1983.8.13	36	本科	137****9321
18	王赛赛		销售专员	专员	女	127603199201224961	1992-1-22	27	本科	135****6301
19	袁 平		销售专员	专员	男	121870199005023634	1990-5-2	29	高中	130****9051
部门小计：	7人									
总计：	18人									

●图 1-2 多行标题

错误 3：使用行小计

员工信息表中加入行小计（见图 1-3）的初衷是为了可以快速查看各种汇总数据，但是加入行小计是需要耗费不少时间的，而在排序、筛选、数据透视表、分类汇总、函数等操作时又需要把行小计删除，会浪费大量时间，同样每次信息更新后也有可能要更新行小计，累计浪费的时间是非常多的。所以员工信息表中不能出现任何行小计，如果需要统计数据，可以通过函数、数据透视表、分类汇总等功能来实现。

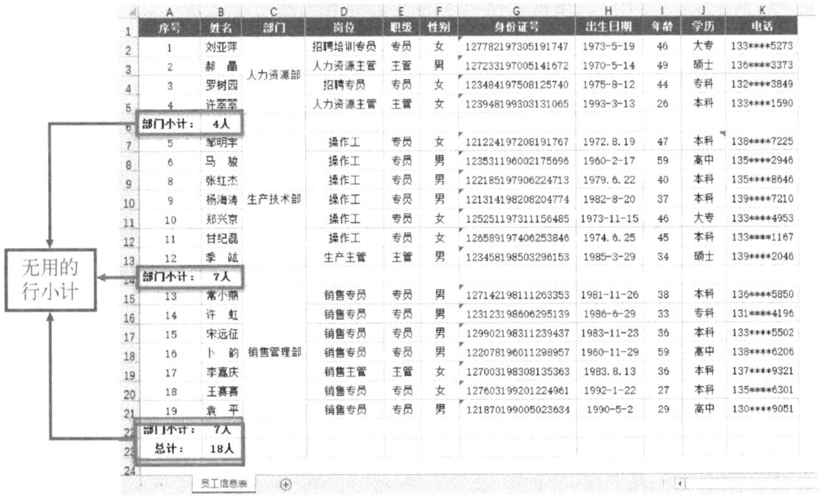

序号	姓名	部门	岗位	职级	性别	身份证号	出生日期	年龄	学历	电话
1	刘亚萍		招聘培训专员	专员	女	127782197305191747	1973-5-19	46	大专	133****5273
2	郝 晶	人力资源部	人力资源主管	主管	男	127233197005141672	1970-5-14	49	硕士	136****3373
3	罗树园		招聘专员	专员	女	123484197508125740	1975-8-12	44	专科	132****3849
4	许翠翠		人力资源主管	主管	女	123948199303131065	1993-3-13	26	本科	133****1590
部门小计：	4人									
5	邹明宇		操作工	专员	女	121224197208191767	1972.8.19	47	本科	138****7225
6	马 骏		操作工	专员	男	123531196002175696	1960-2-17	59	高中	135****2946
8	张红杰		操作工	专员	男	122185197906224713	1979.6.22	40	本科	135****8646
9	杨海涛	生产技术部	操作工	专员	男	121314198208204774	1982-8-20	37	本科	139****7210
10	郑兴京		操作工	专员	女	125251197311156485	1973-11-15	46	大专	133****4953
11	甘纪磊		操作工	专员	女	126589197406253846	1974.6.25	45	本科	133****1167
12	季 竑		生产主管	主管	男	123458198503296153	1985-3-29	34	硕士	139****2046
部门小计：	7人									
13	常小燕		销售专员	专员	男	127142198111263353	1981-11-26	38	本科	136****5850
14	许 虹		销售专员	专员	男	123123198606295139	1986-6-29	33	专科	131****4196
15	宋远征		销售专员	专员	男	129902198311239437	1983-11-23	36	本科	133****5502
16	卜 韵	销售管理部	销售专员	专员	男	122078196011298957	1960-11-29	59	高中	138****6206
17	李嘉庆		销售主管	主管	女	127003198308135363	1983.8.13	36	本科	137****9321
18	王赛赛		销售专员	专员	女	127603199201224961	1992-1-22	27	本科	135****6301
19	袁 平		销售专员	专员	男	121870199005023634	1990-5-2	29	高中	130****9051
部门小计：	7人									
总计：	18人									

●图 1-3 无用的行小计

 错误 4：用序号代替员工编号

在人力资源整个数据统计系统中，有的公司有专门的员工编号编码规则，而不少公司是没有员工编号或工号的。无论公司有没有确定员工编号编码规则，HR在统计员工信息时，员工编号是必须存在的。员工编号像每个人的身份证号一样，它可以避免重名带来的一系列问题，例如查找重名人员信息时还需要人工核对的问题。

在员工信息中使用序号，是大多数 HR 的一个习惯，他们认为加入序号后可以快速地查看员工信息表中有多少条信息，其实通过 Excel 行号一样可以达到此目的，所以序号是没有作用的，它也不能代替员工编号，见图 1-4。

用序号代替员工编号

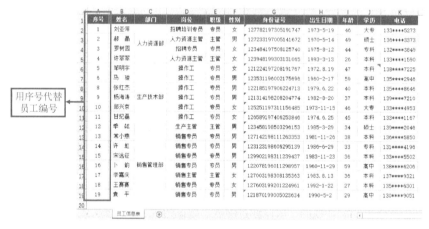

●图 1-4 用序号代替员工编号

 错误 5：姓名中有空格

在姓名中加入空格，也是不少 HR 的习惯，一般是在两个字的姓名中加入空格，使其与 3 个字的姓名宽度一致，这样整齐划一比较好看。要知道还有 4 个字的姓名，另外有一些少数民族的姓名比较长，为了保持整齐划一加入空格就不方便了。

最主要的是，对于 Excel 而言，加入空格的姓名和不加入空格的姓名是不一样的，因为空格在 Excel 的理解中也属于字符，这就会使 Excel 认为"郝晶"和"郝　晶"是两个姓名，见图 1-5，所以姓名中一般是不加入空格的。

 错误 6：合并单元格的出现

在员工信息表中使用合并单元格是一个普遍的现象，合并单元格的使用一般是为了让信息看起来简洁明了，但是它的负面作用却是非常大的，例如它会影响排序、筛选、数据透视表、分类汇总、函数、表格移动、超级表等功能的使用，这会浪费 HR 的时间来重新调整表格，所以员工信息表中是不允许出现合并单元格的，见图 1-6。

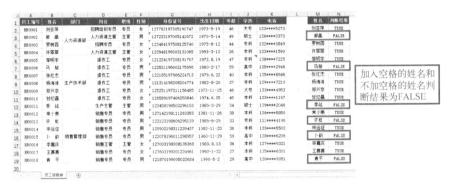

●图 1-5　姓名中加入空格

●图 1-6　合并单元格的出现

错误 7：名称不统一

如果部门叫"人力资源部"，那无论是写人力资源部、人事部、人力资源等内容，大家都知道是"人力资源部"这个部门，但是对于 Excel 来说，只要不是写明"人力资源部"5 个字，那么它就认为不是人力资源部这个部门。在员工信息表中，务必要保证名称的统一，例如既写"大专"又写"专科"的情况、既写"男"又写"男性"的情况……写法不一致的 Excel 都会认为不是一个名称，这样会导致要么需要手动统计数据、要么 Excel 统计数据错误的情况出现，见图 1-7。

●图 1-7　名称不统一

错误 8：日期的不规范使用

Excel 的日期格式，一般与计算机屏幕右下角的格式是一致的，标准的日期格式通常是"2020-1-1"和"2020/1/1"，只要正常输入这两种格式，Excel 就会认定输入的为日期格式。但有的 HR 会输入"2020.1.1""20.1.1""20200101""2020\1\1"之类的格式，见图 1-8。虽然看到这些内容的人会知道表示的是 2020 年 1 月 1 日，但是 Excel 却认为表示的是其他内容，在单元格格式设置、排序、筛选、数据透视表的创建组、函数等操作时会出现错误，给 HR 的操作带来很大的麻烦。

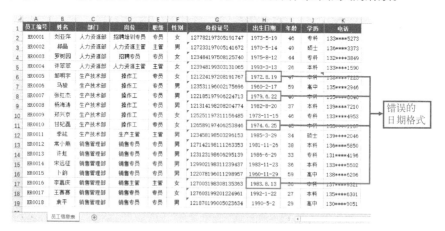

●图 1-8　日期的不规范使用

错误 9：在职员工和离职员工信息分开统计

在实践中有不少公司的员工信息表是分开统计在职和离职人员信息的，见图 1-9，这样做的初衷是为了查看信息方便，分别统计两类人员信息也方便。但是员工信息表不仅仅要统计当前信息，还要统计以往的信息，这就需要把两张表中的数据整合到一起，两类人员信息分开统计反而非常麻烦，例如按入职时间顺序编辑员工编号、统计平均人数、统计以往日期的员工状态等。

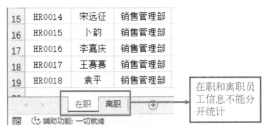

●图 1-9　在职员工和离职员工信息分开统计

如果掌握一定的函数、数据透视表操作技能，将在职人员信息和离职人员信息放在一张表中是最方便的。

错误 10：使用批注

在员工信息表中使用批注，可能是提醒事项、非表格内的统计信息或者其他提示信息，每次看批注信息，一般要把鼠标放到有批注的单元格上才行，见图 1-10。可以想象一下，如果员工信息表中信息过多或者批注比较多，每次都需要先找到批注的单元格才能看到，这是非常浪费时间的，而且还有可能会忽略一些重要信息。

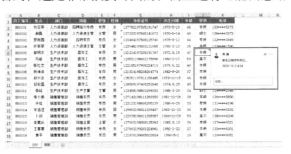

●图 1-10　使用批注

正确的做法应该是把批注的内容放到员工信息表中，如果没有统计这一项内容，那就再增加一列统计内容。

错误 11：其他各种格式使用

除了前面所列举的一些功能性的错误应用外，还有一些非功能性的错误使用，举例如下。

隐藏行或列，这会容易忽略被隐藏的信息或者在复制／粘贴、使用函数等操作时出现错误。

表格中标注各种颜色，有的 HR 为了方便，会把一些行、列或某个数据区域

标注不同的颜色或其他格式，这样会使Excel文件大小变大，或者看起来非常不舒服。

把员工信息表各种错误应用修正后，会得到一份标准好用的员工信息表，见图1-11。

●图 1-11　标准的员工信息表

1.2　在职人员和离职人员信息要放在一张表中

员工信息表中在职人员信息和离职人员信息是要放在一张表中统计的，见图 1-12，这个在前面内容讲的错误应用中也提到了，具体放到一张表中该如何统计信息？又有哪些便利的地方？

●图 1-12　员工信息表

首先，所有人员按入职日期来增加信息，如果公司没有指定的员工编号编码规则，那么可以自定一个编码规则，其中有顺序号排序即可，切记，员工编号在员工信息表中第一列。

其次，员工信息表最后几项建议是员工状态和离职信息等内容，这样统计和核对信息比较方便。

第三，员工信息表中按人员来统计信息，姓名应排在较前的位置，后面是这个人员的各种信息。

用一张表统计数据的方便主要体现在以下几个方面。

① 表格结构变化时，一次修改即可，如果分成两个表还需要保证两个表格结构一样，否则在统计一些数据时还需要修改表格结构才能将两个表的数据汇总到一起。

② 如果统计以往日期数据，需要考虑指定日期时的员工状态情况，这时需要将两个表的数据汇总到一起再修改，比较浪费时间。

③ 统计原有人数、入职人数、当期平均人数等数据时，用一张员工信息表可以快速地统计出来，如果分开统计在职人员和离职人员信息，需要先组合数据后才能统计。

1.3 简单唯一的员工编号编码规则

如果让 HR 自拟一个员工编号的编码规则，那是非常简单的，只需要牢记一点：员工编码不能是纯数字的组合。因为通常纯数字的组合需要用虚位 "0" 来补充，这样会形成类似 "0001、0002、0003……" 形式的员工编码，但是这种员工编号容易出现错误，最主要的是可能操作不慎将文本型数据转换为数值型数据（也就是常用的数字），这在使用数据透视表、函数等一些操作时，会出现问题。

员工编码可以是 "英文+数字" 组合或者 "汉字+数字" 组合，一般建议 "英文+数字" 组合，英文可以是公司简称或其他识别字母，数字是根据入职时间来编辑顺序号，如 "HR0001"。

员工编号一般是向下拖动顺次加 1，为了防止因为误操作造成员工编号输入错误或者输入重复的情况，可以用【数据验证】功能设置限定条件。

具体操作步骤如下。

▷ STEP 1：选中表格中 A2:A245 数据区域，单击【数据】选项卡【数据工具】功能区的【数据验证】按钮，弹出【数据验证】对话框。

●●○ 小技巧：

选中 A2 单元格，然后按组合键 <Ctrl+Shift+↓> 可以快速选中 A2:A245 区域，这个组合键是向下快速选中一直到最后一个单元格的连续数据区域，如果把 "↓" 换成 "←、↑、→"，分别表示向左、向上、向右快速选中一直到最后一个单元格的连续数据区域。

▷ STEP 2：在【允许】下拉列表中选择【自定义】，在【公式】文本框中输

入如下公式，见图1-13。

=AND(COUNTIF(A:A,A2)=1,LEN(A2)=6)

▶ **STEP 3**：单击【出错警告】选项卡，在【错误信息】文本框中输入"请检查员工编号是否唯一，或者员工编号是否6位！"，然后单击【确定】按钮，见图1-14。

●图 1-13 数据验证条件设置   ●图 1-14 出错警告设置

如果输入的员工编号不唯一或者不是6位，则会出现错误提示的窗口，提示的内容就是输入到【错误信息】文本框中的内容。

专家解析

① 使用数据验证中的【自定义】功能，要保证输入【公式】文本框中的公式结果为 TRUE 或 FALSE，当结果为 TRUE 时，在单元格可以正常输入内容，当结果为 FALSE 时，就会出现错误提示。

② AND(COUNTIF(A:A,A2)=1,LEN(A2)=6) 公式中，COUNTIF(A:A,A2)=1 判断员工编号是不是只出现了一次，如果出现了一次，则返回 TRUE，否则返回 FALSE；LEN(A2)=6 判断员工编号是否为6位，如果是6位，则返回 TRUE，否则返回 FALSE。当前面两个条件同时满足时返回 TRUE，否则返回 FALSE。

14 用数据验证控制姓名中出现空格

姓名中一般不能出现空格，这不能仅靠人为控制，因为无论谁输入信息，都避免不了会有失误的情况出现，因此可以通过数据验证来限定姓名中出现空格这种错误的情况，具体操作步骤如下。

▷ **STEP 1**：选中表格中 B2:B245 数据区域，单击【数据】选项卡【数据工具】功能区的【数据验证】按钮，弹出【数据验证】对话框。

▷ **STEP 2**：在【允许】下拉列表中选择【自定义】，在【公式】文本框中输入如下公式，见图 1-15：

=SUBSTITUTE(B2," ","")=B2

▷ **STEP 3**：单击【出错警告】选项卡，在【错误信息】文本框中输入"请检查输入的姓名中是否存在空格。"，然后单击【确定】按钮，见图 1-16。

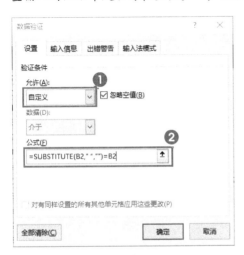

●图 1-15　自定义公式输入

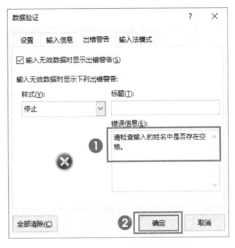

●图 1-16　出错警告设置

■■■ 专家解析 ■■■

　　SUBSTITUTE(B2," ","")=B2 公式中，SUBSTITUTE(B2," ","") 第二个参数的双引号中为空格，第三个参数的双引号中没有空格。整个公式的作用是将 B2 单元格的空格替换为空值后与 B2 单元格没被替换前的值对比，如果没有空格，则返回 TRUE，如果有空格则返回 FALSE。

1.5　下拉菜单实现学历信息的快速输入

　　为了保证名称输入规范、统一，可以用数据验证做下拉菜单，每次在下拉菜

单中选择，不允许输入内容，这样能保证输入的名称规范统一，员工信息表中的学历、职级、员工状态、离职原因等内容都可以用下拉菜单。以学历为例，具体操作步骤如下。

» **STEP 1**：新建一个工作表并命名为"序列"，在这个工作表中录入各种学历，见图1-17。

» **STEP 2**：选中表格中 J2:J245 数据区域，单击【数据】选项卡【数据工具】功能区的【数据验证】按钮，弹出【数据验证】对话框。

» **STEP 3**：在【允许】下拉列表中选择【序列】，鼠标光标定位在【来源】文本框，然后单击"序列"工作表，选择 A2:A8 数据区域，见图1-18。

●图1-17 新建"序列"工作表

» **STEP 4**：单击【出错警告】选项卡，在【错误信息】文本框中输入"请在下拉菜单中选择学历信息。"，然后单击【确定】按钮，见图1-19。

●图1-18 序列设置

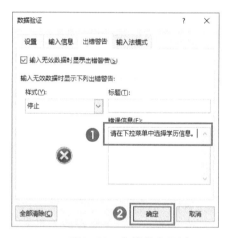

●图1-19 出错警告设置

●○ 小技巧：

【来源】文本框中除了可以选择数据区域，还可以直接输入内容，如可以直接输入"博士,研究生,本科,专科,中专,高中,初中"，注意每个名称要用英文逗号隔开。对于输入内容较多的情况，用一个辅助表格选择数据区域还是非常方便的。

1.6 部门和岗位二级联动下拉菜单设置

部门和岗位也可以设置为下拉菜单，但是如果单独设置，由于岗位的内容太多了，在下拉菜单中需要慢慢查找，这样反而没有录入方便。可以通过设置二级联动下拉菜单来解决，当选择部门后，岗位的下拉菜单中只显示本部门的岗位。具体操作步骤如下。

▷▷ **STEP 1**：在"序列"工作表中增加部门和岗位的信息，见图 1-20。

●图 1-20　部门和岗位信息

▷▷ **STEP 2**：选中 C1:I9 数据区域，然后按〈F5〉键，在【定位】对话框中选择【定位条件】，在弹出的【定位条件】对话框中选择【常量】，单击【确定】按钮，见图 1-21。

●图 1-21　定位常量后效果

▷▷ **STEP 3**：在【公式】选项卡【定义的名称】功能区单击【根据所选内容创建】按钮，在【根据所选内容创建名称】对话框中只勾选【最左列】，见图 1-22。

▷▷ **STEP 4**：选中表格中 C2:C245 数据区域，单击【数据】选项卡【数据工具】

功能区的【数据验证】按钮，弹出【数据验证】对话框。

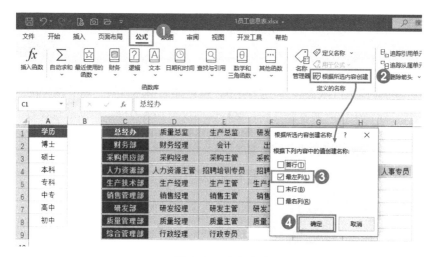

● 图 1-22　定义名称

▶▶ **STEP 5**：在【允许】下拉列表中选择【序列】，鼠标光标定位在【来源】文本框，然后鼠标单击"序列"工作表，选择 C1:C9 数据区域，单击【确定】按钮，见图 1-23。

▶▶ **STEP 6**：选中 D2:D245 数据区域，在【数据验证】对话框的【允许】下拉列表中选择【序列】，鼠标光标定位在【来源】文本框，输入如下公式，见图 1-24，然后单击【确定】按钮。

　　=INDIRECT(C2)

● 图 1-23　部门序列设置

● 图 1-24　岗位序列设置

这样选择不同的部门后，会出现这个部门中的岗位，见图1-25。

	A	B	C	D	E	F
1	员工编号	姓名	部门	岗位	职级	性别
2	HR0001	邹明宇	生产技术部	操作工		
3	HR0002	王见春	财务部	生产经理 生产主管		
4	HR0003	伍飞	总经办	生产技术员 生产专员		
5	HR0004	马骏	生产技术部	操作工		
6	HR0005	徐晓月	总经办	生产总监	总监	

●图1-25　二级联动菜单最终效果

1.7　身份证号的输入方式及限定输入长度

Excel的单元格中，最多只能输入15位数字，如果超过15位，就会用科学计数法表示，超过15位的数字自动变成0，在编辑栏中可以看到效果，见图1-26。

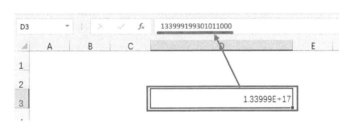

●图1-26　超过15位数字后的显示效果

所以直接输入身份证号，是得不到正确结果的。在实操中，有两种正确输入身份证号的方法。

方法一：设置单元格格式法

选中需要输入身份证号的数据区域，在【开始】选项卡【数字】功能区下拉列表中选择【文本】，这样将单元格格式设置为文本格式，然后直接输入身份证号即可，见图1-27。

方法二：强制转换法

先输入一个英文的单引号"'"，再输入身份证号，这样也会显示正确的身份证号，见图1-28。

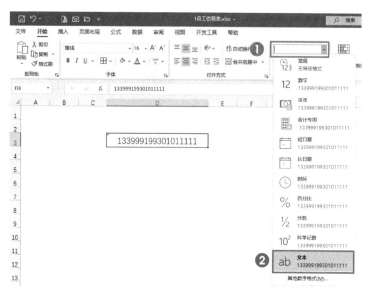

●图 1-27　文本格式输入身份证号

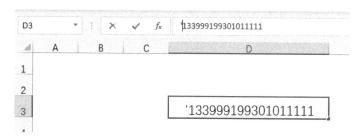

●图 1-28　强制转换法输入身份证号

专家解析

推荐 HR 使用第二种方法，因为第一种方法有可能会出现问题。假如使用第一种方法输入身份证号码，把输入身份证号码的数据区域的单元格格式设置为【常规】，双击单元格后身份证号码又转为科学计数法的格式了，出错的概率比较高。

1.8　身份证号码中包含多种信息

身份证号码中是包含多种信息的，它的第 1、2 位数字表示所在省份的代码；

第 3、4 位数字表示所在城市的代码；第 5、6 位数字表示所在区县的代码；第 7～14 位数字表示 8 位的出生年、月、日；第 15、16 位数字表示所在地派出所的代码；第 17 位数字中奇数表示男性、偶数表示女性；第 18 位数字是校检码，校检码可以是 0～9 的数字，有时也用 x 表示。

如果在员工信息表中展示前述的各种信息，可以不用输入，直接在身份证号码中提取对应的数字再把它们转换或匹配出相应的结果即可。

在本例员工信息表中，性别和出生日期可以从身份证号码中提取出来。在 F2 单元格输入如下公式。

=IF(MOD(MID(G2,17,1),2)=1,"男","女")

在 H2 单元格输入如下公式。

=--TEXT(MID(G2,7,8),"0000-00-00")

若要向下填充公式，可以把鼠标放在定位单元格的右下角，当鼠标变成黑色十字后，双击即可快速填充公式，见图 1-29。

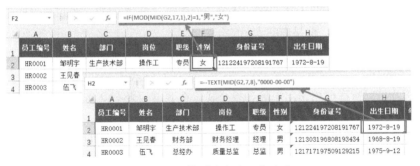

●图 1-29　性别和出生日期公式

专家解析

① IF(MOD(MID(G2,17,1),2)=1,"男","女")解析

MID(G2,17,1) 是把 G2 单元格中的身份证号码第 17 位数字提取出来，MOD(MID(G2,17,1),2)=1 中 MOD 函数是求余数，是判断第 17 位数字除以 2 余数是否等于 1，它返回 TRUE 或 FALSE 的结果，如果是 TRUE，代表第 17 位数字是奇数，返回"男"，否则代表第 17 位数字是偶数，返回"女"。

② --TEXT(MID(G2,7,8),"0000-00-00")解析

MID(G2,7,8) 是把 G2 单元格中的身份证号码从第 7 位开始连续提取 8 位数字，也就是第 7～14 位数字，它们代表出生年、月、日。然后通过 TEXT 函数将这 8

位数字转换成如"1972-08-19"的形式，这虽说看起来是日期格式，但是它是文本型日期，再通过两个负号"－ －"转换为日期型数值，不使用两个负号，在公式后面使用"+0、-0、*1、/1"也会实现一样的效果。

1.9 年龄和工龄这样计算才正确

计算两个日期之差，如年、月、日，用 DATEDIF 函数。员工信息表中的员工年龄和工龄的计算同样用到这个函数，对于年龄和工龄的计算有以下注意事项需要引起 HR 的注意。

年龄的计算。

员工信息表中出现年龄一项，第一是为了展现每位员工的年龄情况，第二是进行员工结构分析，为人力资源决策提供支持。

员工信息表中在职人员和离职人员信息是在一张表中的，在职人员的年龄可以通过公式实时更新，但是离职人员的年龄，需要固定在他离职那一天的年龄情况，否则随着时间的增长，离职人员的年龄也在变化，对于年龄结构分析是没有任何意义的。

因此可以这样编辑员工年龄计算公式，在 I2 单元格输入如下公式并双击向下填充，见图 1-30。

=IF(T2="在职",DATEDIF(H2,TODAY()," y "),DATEDIF(H2,U2," y "))

●图 1-30　年龄计算公式

工龄的计算。

工龄的计算，同样要考虑在职人员和离职人员的情况，此外，计算工龄时一般不以年为单位，因为对于工龄的结构分析，需要细分到月或者更小的单位，否则是分析不出多少问题的，本例中细分到月计算工龄。

因此可以这样编辑员工工龄计算公式，在 M2 单元格输入如下公式并双击向下填充，见图 1-31。

=IF(T2="在职",DATEDIF(L2,TODAY(),"m"),DATEDIF(L2,U2,"m"))

	fx	=IF(T2="在职",DATEDIF(L2,TODAY(),"m"),DATEDIF(L2,U2,"m"))										
C	D	E	F	G	H	I	J	K	L	M	
部门	岗位	职级	性别	身份证号	出生日期	年龄	学历	电话	入职时间	工龄（月）	
生产技术部	操作工	专员	女	121224197208191767	1972-8-19	48	本科	138****7225	1996-4-29	293	1
财务部	财务经理	经理	男	121303196808193434	1968-8-19	52	硕士	137****2505	1996-9-18	288	1
总经办	质量总监	总监	男	121717197509129215	1975-9-12	45	本科	130****9796	2001-2-1	236	2
生产技术部	操作工	专员	男	123531196002175696	1960-2-17	60	高中	135****2946	2001-4-1	234	2
总经办	生产总监	总监	男	122724198012057237	1980-12-5	39	本科	134****5598	2001-7-3	231	2

●图 1-31　工龄计算公式

专家解析

　　DATEDIF 函数是 Excel 的隐藏函数，在单元格输入这个函数的时候是没有任何函数提示的，它用于计算两个日期之间相差的天数、月数或年数，语法结构为 DATEDIF(开始日期, 结束日期, 返回类型)，其中返回类型有六种。

- "Y"，返回两个日期相差的整年数。
- "M"，返回两个日期相差的整月数。
- "D"，返回两个日期相差的天数。
- "MD"，返回两个日期相差的天数，忽略年和月。
- "YM"，返回两个日期相差的月数，忽略年和日。
- "YD"，返回两个日期相差的天数，忽略年，按照月、日计算天数。

　　在计算年龄和工龄的两个公式中，通过 IF 函数进行判断，如果员工是在职的状态，年龄和工龄计算截止到当天，否则截止到员工离职的那一天。

1.10　自动更新的员工简历表设计

　　查询员工信息，可以通过设计一个员工简历表来实现，这样比在员工信息表中查看要方便很多。员工简历表设计步骤如下。

▷ **STEP 1**：新建一个名为"员工简历表"的工作表，并设置员工简历表，见图 1-32。

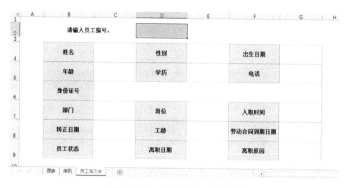

● 图 1-32 新建员工简历表

▷ STEP 2：在 D2 单元格输入员工编号，本例中输入 "HR0001"，在 C4 单元格输入如下公式。

=IFERROR(VLOOKUP($D$2,源表!$A:$V,MATCH(员工简历表!B4,源表!$A$1:$U$1,0),0)," 查无此人 ")

在 E4 单元格输入如下公式。

=IFERROR(VLOOKUP($D$2,源表!$A:$V,MATCH(员工简历表!D4,源表!$A$1:$U$1,0),0),"")

在 C6 单元格输入如下公式。

=IFERROR(VLOOKUP($D$2,源表!$A:$V,MATCH(员工简历表!B6,源表!$A$1:$U$1,0),0),"")

在 E8 单元格输入如下公式。

=IFERROR(ROUND(VLOOKUP($D$2,源表!$A:$V,13,0)/12,1),"")

在 G8 单元格输入如下公式。

=IFERROR(VLOOKUP(D2,源表!$A:$Q,13+COUNTA(OFFSET(源表!N1:R1,MATCH(员工简历表!D2,源表!A2:A500,0),0)),0)," 无固定期限 ")

然后鼠标单击 E4 单元格，按组合键〈Ctrl+C〉，然后分别选中 C5、C7、C8、C9、E5、E7、E8、E9、G4、G5、G7、G9 单元格，按组合键〈Ctrl+V〉，即可粘贴公式。

完成后效果见图 1-33。

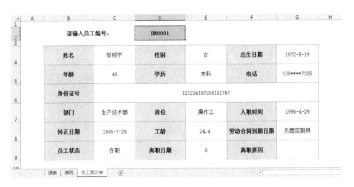

●图 1-33　员工简历表效果图

专家解析

① 公司人员少的时候，可以把 D2 单元格设置成下拉菜单选择员工编号。如果公司人员多，用下拉菜单查找的方式就非常慢，反而不如录入员工编号速度快。

② IFERROR(VLOOKUP($D$2,源表!$A:$V,MATCH(员工简历表!B4,源表!$A$1:$U$1,0),0),"查无此人")，MATCH(员工简历表!B4,源表!$A$1:$U$1,0) 是查找 B4 这个标题在"源表"工作表的第一行标题行中处于第几位，它是 VLOOKUP 的第 3 个参数，是返回第 2 个参数的数据区域中第几列的内容，如果 VLOOKUP 这个公式返回错误值，即代表没有这个人，返回"查无此人"。其他公式可以参照此条解析。

③ IFERROR(ROUND(VLOOKUP($D$2,源表!$A:$V,13,0)/12,1),"") 公式中查找出来的工龄是按月统计的，所以再除以 12 折算成年，用 ROUND 函数保留 1 位小数。

CHAPTER

2

员工信息分析——
灵活多方位的员工数据解析

员工信息分析包括员工信息数据的处理、数据分析以及数据呈现。结合员工信息表结构设计员工信息数据的处理有一套专门的数据处理流程，掌握了这套流程，可以快速进行数据分析及数据呈现。

2.1 用一套步骤和操作技能来统计员工信息

员工信息表是显示即时信息的，即打开员工信息表后显示的是当前时间的员工状态，如果要看以往时间的员工状态，需要将员工信息表"回归"到以往时间点的员工状态。例如要看 2020 年 1 月 1 日的员工状态，需要做如下操作。

- 删除 2020 年 1 月 1 日以后入职的员工信息。
- 将 2020 年 1 月 1 日以后转正的人员信息转成未转正状态。
- 将 2020 年 1 月 1 日以后续签劳动合同的人员信息转成未签约状态。
- 将年龄和工龄的截止日期设定为 2020 年 1 月 1 日。
- 将 2020 年 1 月 1 日以后离职的员工状态改成"在职"，并删除离职日期和离职原因。
- 将 2020 年 1 月 1 日以后变动部门、岗位的人员信息改为原部门或岗位。

总之，只要在 2020 年 1 月 1 日之后变动的信息，都需要修改为原来的状态，这样才能统计出正确信息或数据。并不是每次统计数据都需要修改全部员工信息，只需要把相关的内容修改即可，不需要的不用修改，例如若要只统计在职员工和离职员工数量，只需要修改"员工状态"这一列即可。

但是无论统计何种数据，有一项操作是必备的，即从员工信息表中将指定日期前入职员工（无论在职还是离职）的员工信息筛选出来。筛选信息可以使用【筛选】功能，不过在员工信息表中反复操作有可能会导致误操作把信息修改或删除，推荐使用【高级筛选】这个功能。下面将讲解【高级筛选】这个操作。

1.【高级筛选】在哪里

【高级筛选】在【数据】选项卡【排序和筛选】功能区，见图 2-1。

●图 2-1 高级筛选功能

单击【高级】即可弹出【高级筛选】对话框，见图 2-2。

- 【在原有区域显示筛选结果】：这一项功能类似【筛选】，筛选的结果将直接在原有区域中显示。
- 【将筛选结果复制到其他位置】：这项功能被选中后，下面【复制到】的

文本框将处于可编辑状态，光标定位在文本框中，选择任意一个单元格，
筛选后的结果将以此单元格为基准复制过来。

●图 2-2 【高级筛选】对话框

● 【列表区域】：确定哪些数据执行高级筛选操作，即高级筛选的源数据。

● 【条件区域】：设置筛选的条件，类似于【筛选】的条件设置。

● 【选择不重复的记录】：这一项功能被勾选后，如果数据中有重复的内容，
则只保留一条数据。

2. 【高级筛选】使用注意事项

【高级筛选】使用时有以下注意事项。

● 筛选条件的标题要与数据源表中的标题一致。

● 筛选条件必须包括标题和筛选条件。

● 多个条件筛选时，筛选条件在一行表示"且"的关系。

● 多个条件筛选时，筛选条件在一行表示"或"的关系。

● 可以使用公式设定筛选条件，条件标题行为空，但是操作时必须将标题行
选中。

3. 筛选满足一个条件的数据

假定要筛选 2019 年 10 月 1 日前的入职人员信息，操作步骤如下。

▷ **STEP 1**：新建一个名为"辅助表"的工作表，在工作表中设定筛选条件，
见图 2-3。

▷ **STEP 2**：调出【高级筛选】对话框，设定见图 2-4。

完成后见图 2-5，这样 2019 年 10 月 1 日前入职的所有人员即可筛选
出来。

●图 2-3 筛选条件

●图 2-4 高级筛选设置

●图 2-5 高级筛选完成后效果

●○ 小技巧：

【列表区域】文本框中选择数据源表数据区域时，可以使用组合键快速筛选，本例中将光标定位在【列表区域】文本框后，选择"源表"工作表，鼠标选择数据表中任意一个单元格，然后按组合键<Ctrl+A>即可选中整个数据区域"源表 !$A$1:$V$245"。

4. 筛选同时满足多个条件的数据

筛选同时满足多个条件的数据时，要注意筛选条件处于同一行是"且"的关系，也就是同时满足条件。假定要筛选2019年全年入职人员信息，设定筛选条件见图2-6。

假定要筛选生产技术部 2019 年全年入职人员信息，设定筛选条件见图 2-7。

5. 筛选多个条件满足一个条件即可的数据

筛选多个条件满足一个条件，把筛选条件放在不同行是"或"的关系，也就是只要满足一个条件即可。假定要筛选生产技术部和研发部的人员信息，设定筛选条件见图 2-8。

● 图 2-6　筛选条件设置（一）

● 图 2-7　筛选条件设置（二）

● 图 2-8　筛选条件设置（三）

假定要筛选生产技术部和研发部中 2019 年全年入职人员信息，设定筛选条件见图 2-9。

6.用公式自定义筛选

高级筛选还可以使用公式设定筛选条件，用公式设定更加灵活。

假定要筛选 2019 年入职人员信息，设定筛选条件见图 2-10，注意编辑栏中的公式，是用 YEAR 函数来计算源表 L 列（入职时间）为 2019 年的情况。

●图 2-9　筛选条件设置（四）

假定要筛选生产技术部 2019 年入职人员信息，设定筛选条件见图 2-11。

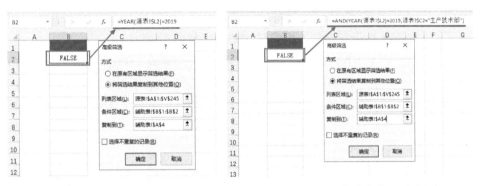

●图 2-10　筛选条件设置（五）　　　　●图 2-11　筛选条件设置（六）

学习了【高级筛选】这一技能，如果需要统计以前时间点的员工数据，操作步骤见图 2-12。具体的操作实例将在后面的内容中涉及。

●图 2-12　统计员工信息步骤

2.2　如何按指定顺序对部门排序

在实操中，可能需要按指定顺序对部门排序，Excel 的【排序】功能是按首字母或者按首字笔画排序的，并不能按指定的顺序排序。如果要实现按指定顺序对部门排序，推荐两种操作方法。

方法一：自定义序列法

具体操作步骤如下。

▷ **STEP 1**：在"序列"工作表中增加部门内容，并按指定顺序排序，见图2-13。

●图 2-13　指定部门排序

▷ **STEP 2**：单击【文件】选项卡，在弹出的【Excel选项】对话框中单击【选项】-【高级】-【编辑自定义列表】，在弹出的【选项】对话框的【从单元格中导入序列】文本框中选择 K2:K10 数据区域范围，依次单击【导入】-【确定】按钮，见图2-14。

●图 2-14　设定自定义列表

设置完成后，如果需要按自定义的部门顺序排序，操作步骤如下。

▷ **STEP 1**：在【开始】选项卡【编辑】功能区【排序和筛选】下拉列表中选择【自定义排序】，见图2-15。

▷ **STEP 2**：在弹出的【排序】对话框中，在【主要关键字】下拉列表中选择需要排序的列，在【次序】下拉列表中选择【自定义序列】，见图2-16。

●图 2-15　自定义排序选项

▶▶ **STEP 3:** 在弹出的【自定义序列】对话框中选择设置的部门序列,见图 2-17,单击【确定】按钮即可完成按指定部门顺序排序。

●图 2-16　自定义序列设置

●图 2-17　自定义序列选择

专家解析

① 设置自定义序列后,输入一个部门名称,用鼠标向下拖动,会按照设定的部门顺序依次出现各部门名称,因为已经向 Excel 自定义了一个序列,碰到这种情况它会按照自定义序列的顺序生成各个内容,就如生成 1、2、3……数字序列一样的道理。对于有些人来说,这样操作是非常不方便的,也可以采用辅助列法(见后面内容)。

② 要将设置的自定义序列删除,同样进入【自定义序列】对话框,选择设置的自定义序列,单击【删除】-【确定】按钮即可,见图 2-18。

●图 2-18　删除自定义序列

方法二：辅助列法

如果不习惯采用自定义序列的方法，可以采用辅助列法对部门按指定顺序排序，具体操作步骤如下。

▷ **STEP 1**：在"序列"工作表增加部门及排序，见图 2-19。

●图 2-19　部门排序

▷ **STEP 2**：在需要对部门排序的表格中增加一列辅助列，然后编辑公式，见图 2-20。

=VLOOKUP(B2, 序列 !$K$2:$L$10,2,0)

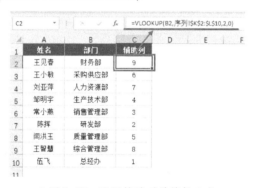

●图 2-20　设置辅助列并编辑公式

▷ **STEP 3**：对辅助列进行升序或降序排序，然后把辅助列删除即可。

专家解析

　　VLOOKUP 函数可以极大提高职场人士的工作效率，它是查找和引用函数，可以快速查找数据，是职场必备函数，语法结构为 VLOOKUP(你想要查找的内容，要查找的数据区域范围,包含要返回的值的区域中的列号,返回近似或精确匹配 — 表示为 1/TRUE 或 0/FALSE)。

　　VLOOKUP(B2, 序列 !$K$2:$L$10,2,0) 公式是查找 B2 单元格（财务部）对应的顺序号。

● 第 2 个参数数据区域范围为"序列 !$K$2:$L$10"。

- 第 3 个参数为 2，代表"序列 !$K$2:$L$10"这个数据区域范围的第 2 列，即 K 列为第 1 列，L 列为第 2 列（顺序号）。
- 第 4 个参数为 0，代表精确匹配，只有"序列 !$K$2:$L$10"这个数据区域范围中 K 列有"财务部"这个字符串才返回其对应的顺序号。

2.3 与工作计划相结合的生日提醒和劳动合同续签提醒

员工信息表中生日提醒和劳动合同续签提醒有多种方法，例如：通过设置条件格式，标注不同的颜色或格式提前 N 天提醒；通过设置辅助列，显示还有 ×× 天到指定日期。

上述的做法只是展示了 Excel 的技巧，有限度地提升了工作效率，如果公司人数比较多，每次都需要花费不少时间查看有哪些人要到生日日期或劳动合同续签日期，况且公司若要组织庆生会或续签劳动合同时，还需要花费时间把这些员工的基本信息提取出来。

最好的方式是把生日提醒和劳动合同续签提醒与工作计划结合起来，每个月制订下个月工作计划时，把下个月过生日或需要续签劳动合同的人员信息汇总，保存为电子文档或打印出来，每次需要这些信息时只需要打开文档查询即可。提取生日人员信息或续签劳动合同人员信息操作步骤如下。

1. 提取下月生日人员信息

假定需要提取 6 月份生日的人员信息，需要员工编号、姓名、部门、岗位、性别、出生日期、年龄、电话、入职日期几项信息即可，具体操作步骤如下。

▷ **STEP 1**：在"辅助表"工作表中设置筛选条件，使用公式设置筛选条件，见图 2-21。

=AND(MONTH(源表 !H2)=6, 源表 !T2=" 在职 ")

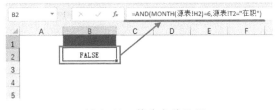

●图 2-21　筛选条件设置

▷ **STEP 2**：进行高级筛选操作，见图 2-22。

●图 2-22　高级筛选及完成后效果

▷ **STEP 3**：新建一个名为"员工生日信息"的工作表，将高级筛选结果复制到这个工作表中，并删除多余信息，最终效果见图 2-23。

员工编号	姓名	部门	岗位	性别	出生日期	年龄	电话	入职时间
\multicolumn{9}{c}{2020年6月份生日人员信息}								
HR0009	张红杰	生产技术部	操作工	男	1979-6-22	41	135****8646	2004-2-1
HR0022	陈挥	研发部	研发工程师	女	1978-6-21	42	139****3802	2007-6-15
HR0024	闫暮	研发部	研发经理	女	1978-6-30	42	130****8117	2007-10-16
HR0025	甘纪磊	生产技术部	操作工	女	1974-6-25	46	133****1167	2007-10-16
HR0034	于艳芬	人力资源部	薪酬绩效专员	女	1988-6-10	32	139****6911	2009-9-23
HR0041	高金华	生产技术部	操作工	女	1988-6-3	32	135****8341	2011-4-13
HR0082	姜利平	销售管理部	销售专员	男	1988-6-12	32	139****5084	2015-5-4
HR0115	宋新喆	销售管理部	销售专员	女	1987-6-18	33	130****6562	2016-5-3
HR0149	孙秋月	销售管理部	销售主管	女	1990-6-21	30	137****2428	2017-8-1

●图 2-23　员工生日信息表效果

这个表可以保存为电子版或者打印出来与月度工作计划放在一起，每月底只需要操作一次即可。

2. 提取下月需要续签劳动合同人员信息

假定要提取 2020 年 8 月份劳动合同到期人员信息，具体操作步骤如下。

▷ **STEP 1**：在"辅助表"工作表中设置筛选条件，见图 2-24。

●图 2-24　筛选条件设置

▷ **STEP 2**：进行高级筛选操作，见图 2-25。

▷ **STEP 3**：新建一个名为"劳动合同续签信息"的工作表，将高级筛选结果复制到这个工作表中，删除多余信息，用一列显示劳动合同到期时间，最终效果见图 2-26。

● 图 2-25　高级筛选及完成后效果

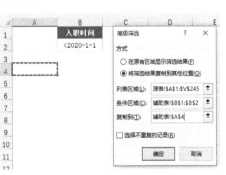

● 图 2-26　劳动合同续签信息最终效果

24 用辅助列或数据透视表解决年龄、工龄分段问题

　　分析年龄和工龄，需要先进行分段设置后再分析，年龄和工龄的分段分析可分为等距分布分析和不等距分布分析。等距分布是指分段的间隔是一致的，如以 5 年作为一个分段来分析年龄；不等距分布分析指分段的间隔大小不一，例如按 30 岁以下、30 ～ 40 岁、40 岁以上来分析年龄。

　　下面介绍工龄和年龄分段分析方法，其中使用数据透视表可以进行等距分布分析，使用辅助列可以进行等距和不等距分布分析。

1. 使用数据透视表进行等距分布分析

　　以年龄等距分布分析为例，假定以每 5 年分段分析 2020 年 1 月 1 日以前的员工数据，只进行年龄分段分析，不涉及其他分析。具体操作步骤如下。

　　STEP 1：在"辅助表"工作表中设置筛选条件并进行高级筛选，见图 2-27。

　　STEP 2：将 2020 年 1 月 1 日起离职员工的"员工状态"修改为"在职"，

图 2-27　高级筛选操作

并删除对应"离职日期"和"离职原因"内容。在 I5 单元格输入如下公式，并向下填充公式，见图 2-28。

=IF(T5=" 在职 ",DATEDIF(H5,"2019-12-31","y"),DATEDIF(H5,U5,"y"))

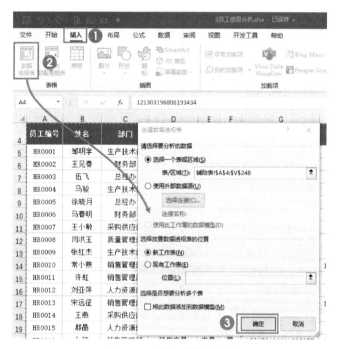

● 图 2-28　重新调整员工状态

▷▷　**STEP 3**：光标定位在数据表中任意一个单元格，在【插入】选项卡【表格】功能区单击【数据透视表】，在弹出的【创建数据透视表】对话框中直接单击【确定】按钮，见图 2-29。

● 图 2-29　插入数据透视表

这样会生成一个新的工作表，里面有空白数据透视表，见图 2-30。

●图 2-30　空白数据透视表

▶ **STEP 4**：将【年龄】字段拖动到【行】区域，将【员工编号】字段拖动到
【值】区域，效果见图 2-31。

●图 2-31　数据透视表设置

▶ **STEP 5**：在 A 列数据透视表内容中任意一个单元格单击鼠标右键，在右
键菜单中单击【组合】，弹出【组合】对话框后设置见图 2-32。

完成后效果见图 2-33。

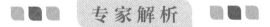
专家解析

　　在【组合】对话框中设置时，勾选【起始于】复选框，会默认出现最小数字，
本例中是最小年龄。如果在后面文本框中输入数字不同于默认的数字 N，则复选
框被取消，表示小于 N 的数字会分为一组，本例中输入"21"后，小于 21 岁的
会被分为一组，在数据透视表中显示"<21"。【终止于】操作是同样道理，【步
长】代表以等距分布的大小，本例中是以每 5 年做一个等距分布。

●图 2-32　年龄组合设置　　　●图 2-33　年龄分段统计完成后效果图

2. 使用辅助列进行不等距分布分析

年龄和工龄的分析，不能仅靠等距分布分析，这样可能分析不出具体的问题，需要结合情况进行不等距分布分析。不等距分布分析推荐采用辅助列的方法，假定工龄以 1 个月以内、[1–3) 个月、[4–6) 个月、[6–12) 个月、[12–36) 个月、[36–96) 个月、96 个月以上来做不等距分布分析，员工数据以 2020 年 1 月 1 日以前的数据进行操作，而且是仅进行工龄分析，不涉及其他分析，具体操作步骤如下。

▷ **STEP 1**：在"辅助表"工作表中设置筛选条件并进行高级筛选，见图 2-34。

▷ **STEP 2**：将 2020 年 1 月 1 日起离职员工的"员工状态"修改为"在职"，并删除对应"离职日期"和"离职原因"内容。在 M5 单元格输入如下公式并向下填充，见图 2-35。

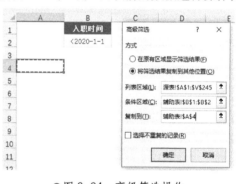

●图 2-34　高级筛选操作

=IF(T5=" 在职 ",DATEDIF(L5,"2019-12-31","m"),DATEDIF(L5,U5,"m"))

●图 2-35　重新调整员工状态

▶ **STEP 3**：在"序列"工作表中增加辅助内容，见图 2-36。

▶ **STEP 4**：在"辅助表"工作表中"工龄（月）"列前面插入一列并命名为"工龄分段"，然后在 M5 单元格中输入公式并向下填充，见图 2-37。

=VLOOKUP(N5, 序列 !$N$2:$O$8,2,1)

▶ **STEP 5**：插入数据透视表，将【工龄分段】字段拖动到【行】区域，将【员工编号】字段拖动到【值】区域，见图 2-38。

N 节点	O 工龄分段
0	1个月以内
1	[1-4)个月
4	[4-6)个月
6	[6-12)个月
12	[12-36)个月
36	[36-96)个月
96	96个月以上

●图 2-36 "序列"工作表中辅助内容

●图 2-37 插入工龄分段列并编辑公式

▶ **STEP 6**：光标移动到 A4:A10 区域的任意一个单元格偏左位置，会变成黑色向右箭头，单击则会选中数据透视区域整行，然后拖动选择区域边框，会把这一行内容向上或向下移动，调整后最终效果见图 2-39。

●图 2-38 插入数据透视表　　●图 2-39 工龄分段分析最终效果

专家解析

VLOOKUP(N5, 序列 !$N$2:$O$8,2,1) 公式中是使用 VLOOKUP 的近似匹配，它的第 4 个参数为 1，在使用 VLOOKUP 近似匹配时，必须保证它的第 2 个参数中第 1 列内容是升序排序。这个公式中 N5 单元格的值为 284，与 "序列 !$N$2:$O$8" 数据区域范围的 N 列数字对比，它是大于等于 96，所以返回 96 对应的 "96 个月以上" 内容。如果 N5 为 2，则属于大于等于 1、小于 4 这个范围，返回结果为 "[1-3) 个月"。

2.5 很多人的平均人数计算并不准确

在人力资源各种指标中，平均人数的应用是非常多的，例如人均工资、人均人力成本、人均销售额、人均利润额等指标均需要平均人数来计算，被 HR 普遍接受的平均人数计算公式为（以月平均人数为例）：

当月平均人数 =（月初人数 + 月末人数）/ 2

这个计算公式计算出来的平均人数再应用到其他指标计算中，可能导致数据偏差比较大。假定某公司某月初有 200 人，当月 5 日前离职 100 人，月末有 100 人，当月支出工资总额为 165 万元，这样可以得出平均人数为 150 人，当月人均工资为 11000 元，而实际情况是每位员工按照 15000 元 / 月的标准支付工资。这就出现了计算结果与实际的偏差，如果用另外一个公式计算则比较精准：

当月平均人数 = ∑ 当月所有员工在职天数 / 当月自然天数

具体使用哪个平均人数的计算公式，可根据公司情况来确定，当公司人员流动性不大的时候，可以使用第一个公式，计算简单；当公司人员流动性大的时候，使用第二个公式，计算精准。

下面讲解两个公式在员工信息表中的计算方法。

1. 简单平均人数计算方法

具体操作步骤如下。

▷ **STEP 1**：新建名为 "平均人数" 的工作表，并设计表格，见图 2-40。

▷ **STEP 2**：选中 B1:M1 数据区域，按组合键〈Ctrl+1〉，在弹出的【设置单元格格式】对话框【分类】列表中选择【日期】，【类型】中选择【YYYY 年 M 月】格式，单击【确定】按钮，见图 2-41。

●图 2-40　平均人数表格

●图 2-41　设置单元格格式

>> **STEP 3**：在 B1 单元格输入"2019-1-1"，然后鼠标放在 B1 单元格右下角，变成黑色十字后向右拖动到 M1 单元格，在【自动填充选项】列表中选择【以月填充】，见图 2-42。

●图 2-42　按月填充序列

>> **STEP 4**：在 B2 单元格输入公式。

=COUNTIF(源表 !$L:$L,"<"&B$1)−COUNTIF(源表 !$U:$U,"<"&B$1)

在 B3 单元格输入如下公式。

=COUNTIF(源表 !$L:$L,"<"&EDATE(B$1,1))−COUNTIF(源表 !$U:$U,"<"&EDATE(B$1,1))

在 B4 单元格输入如下公式。

=(B2+B3)/2

选中 B2:B4 数据区域,向右拖动填充公式,完成后见图 2-43,这样就把 2019 年每月的平均人数全部统计出来了。

	A	2019年1月	2019年2月	2019年3月	2019年4月	2019年5月	2019年6月	2019年7月	2019年8月	2019年9月	2019年10月	2019年11月	2019年12月
2	月初人数	200	186	176	176	166	151	143	141	134	128	127	122
3	月末人数	186	176	176	166	151	143	141	134	128	127	122	114
4	平均人数	193	181	176	171	158.5	147	142	137.5	131	127.5	124.5	118

● 图 2-43   2019 年各月平均人数计算结果

专家解析

COUNTIF(源表 !$L:$L,"<"&EDATE(B$1,1))-COUNTIF(源表 !$U:$U,"<"&EDATE(B$1,1)) 解析。

EDATE 函数是返回某个日期向前或向后 n 个月之后的日期,它的语法结构为 EDATE(日期,向前或向后 n 个月数),EDATE(B$1,1) 是 2019 年 1 月 1 日向后 1 个月,即返回结果为 2019 年 2 月 1 日。

COUNTIF 是条件统计函数,是统计满足某个条件的数量,它的语法结构为 COUNTIF(条件区域,条件),COUNTIF(源表 !$L:$L,"<"&EDATE(B$1,1)) 是统计入职日期小于 2019 年 2 月 1 日的人数,COUNTIF(源表 !$U:$U,"<"&EDATE(B$1,1)) 是统计离职日期小于 2019 年 2 月 1 日的人数,两者相减,返回结果为 2019 年 1 月 31 日的在职员工人数。

2. 复杂平均人数计算方法

假定要统计 2019 年 12 月份的平均人数,具体操作步骤如下。

▶ **STEP 1:** 用高级筛选把 2020 年 1 月 1 日前入职人员信息筛选出来,见图 2-44。

● 图 2-44   高级筛选设置

▶ **STEP 2**：W 列新增一个辅助列，W5 单元格输入如下公式并向下填充，见图 2-45。

=IF(U5="",31,MIN(MAX(U5−DATE(2019,12,1),0),31))

	P	Q	R	S	T	U	V	W
	W5			f_x	=IF(U5="",31,MIN(MAX(U5−DATE(2019,12,1),0),31))			
4	第一劳动合同到期时间	第二劳动合同开始时间	第二劳动合同到期时间	第三次劳动合同开始时间	员工状态	离职日期	离职原因	辅助列
5	1999-4-29	1999-4-30	2004-4-30	2004-5-1	在职			31
6	1999-9-18	1999-9-19	2004-9-19	2004-9-20	在职			31
7	2004-2-1	2004-2-2	2009-2-2	2009-2-3	在职			31
8	2004-4-1	2004-4-2	2009-4-2	2009-4-3	在职			31
9	2004-7-3	2004-7-4	2009-7-4	2009-7-5	在职			31
10	2004-7-3	2004-7-4	2009-7-4	2009-7-5	在职			31
11	2005-8-19	2005-8-20	2010-8-20	2010-8-21	在职			31
12	2006-11-20	2006-11-21	2011-11-21	2011-11-22	在职			31
13	2007-2-1	2007-2-2	2012-2-2	2012-2-3	在职			31

●图 2-45 编辑公式

▶ **STEP 3**：对 W 列进行求和，得出结果为 3766，然后除以当月自然天数 31，最终结果为 121.5，这个是 2019 年 12 月平均人数，与简单平均人数算法得出的结果 118 略有差异。

■■■ 专家解析 ■■■

IF(U5=" ",31,MIN(MAX(U5−DATE(2019,12,1),0),31)) 解析。

● DATE 函数会创建一个日期，它的语法结构为 DATE(年,月,日)，DATE(2019,12,1) 返回结果为 "2019-12-1"。

● MAX(U5−DATE(2019,12,1),0) 是返回 U5−DATE(2019,12,1) 和 0 两者最大值，当 U5 日期小于等于 2019 年 12 月 1 日时，结果为 0 或负数，这个公式返回 0；当 U5 大于 2019 年 12 月 1 日时，结果为正数，这个公式会返回 U5−DATE(2019,12,1) 的值，这个值是大于等于 1。

● MIN(MAX(U5−DATE(2019,12,1),0),31) 是返回 MAX(U5−DATE(2019,12,1),0) 和 31 两者的最小值，当 U5−DATE(2019,12,1) 的值大于 31 时，公式返回 31，否则返回 U5−DATE(2019,12,1) 实际结果。

整个公式是 IF 嵌套公式，当 U5 单元格为空时，代表这名员工还在职，返回 12 月自然天数 31；当 U5 单元格不为空时，代表这名员工已经离职，如果是 2019 年 12 月 1 日之前离职的，它的结果为 0，在这个日期之后离职的，最大结果不大于 31。

 2.6 离职率的统计表设计与图表分析

离职率的计算公式有多个，每种计算方法都有道理，但是一般推荐如下公式，因为这种计算方法比较符合实际。

- 月离职率 = 当月离职人数 / (月初人数 + 当月入职人数) ＊100%。
- 年平均离职率 = ∑ 月离职率 / 12。

对于离职率的统计与分析，主要是各月（年）离职率分析、各部门（中心）离职率分析等，下面将介绍这两种统计与分析方法。

1．各月离职率统计与分析

具体操作步骤如下。

▷ **STEP 1**：新建名为"离职率"的工作表，并设计表格，见图 2-46。

▷ **STEP 2**：选中 B1:M1 数据区域，按组合键〈Ctrl+1〉，在弹出的【设置单元格格式】对话框【数字】选项卡下的【分类】列表中选择【日期】，【类型】中选择"YYYY 年 M 月"格式，单击【确定】按钮，见图 2-47。

●图 2-46　离职率统计表

●图 2-47　设置单元格格式

▷ **STEP 3**：在 B1 单元格输入"2019-1-1"，然后鼠标放在 B1 单元格右下角，变成黑色十字后向右拖动到 M1 单元格，在【自动填充选项】列表中选择【以月填充】，见图 2-48。

●图 2-48　按月填充序列

▷ **STEP 4**：在 B2 单元格输入如下公式。

=COUNTIF(源表 !$L:$L,"<"&B$1)-COUNTIF(源表 !$U:$U,"<"&B$1)

在 B3 单元格输入如下公式。

=COUNTIFS(源表 !$L:$L,">="&B$1, 源表 !$L:$L,"<"&EDATE(B$1,1))

在 B4单元格输入如下公式。

=COUNTIFS(源表 !$U:$U,">="&B$1, 源表 !$U:$U,"<"&EDATE(B$1,1))

在 B5 单元格输入如下公式。

=ROUND(B4/(B2+B3),3)

选中 B2:B5 数据区域，向右拖动填充公式，完成后见图 2-49，这样就把 2019 年每月的离职率全部统计出来了。

	2019年1月	2019年2月	2019年3月	2019年4月	2019年5月	2019年6月	2019年7月	2019年8月	2019年9月	2019年10月	2019年11月	2019年12月
月初人数	200	186	176	176	166	151	143	141	134	128	127	122
当月入职人数	2	3	8	5	3	4	2	3	2	5	4	2
当月离职人数	16	13	8	15	18	12	4	10	8	6	9	10
离职率	7.9%	6.9%	4.3%	8.3%	10.7%	7.7%	2.8%	6.9%	6.0%	4.5%	6.9%	8.1%

●图 2-49　离职率统计效果图

▷ **STEP 5**：按住〈Ctrl〉键，选中 B1:M1、B5:M5 数据区域，在【插入】选项卡【图表】功能区插入【带数据标记的折线图】，见图 2-50。

●图 2-50　插入折线图

▷ **STEP 6**：鼠标拖动图表四个角中任意一个角，把图表放大，鼠标单击图表，选择图表右上角【图表元素】-【数据标签】-【居中】，见图 2-51，修改图表标题为"2019 年度离职率分析"，选中任意网格线，按〈Delete〉键删除。

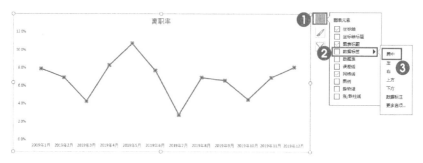

●图 2-51　增加数据标签

单击数据标签，在【格式】选项卡【形状样式】功能区【形状填充】下拉列表中选择【白色背景】，将修改折线颜色，再调整图表元素，最终效果见图2-52。

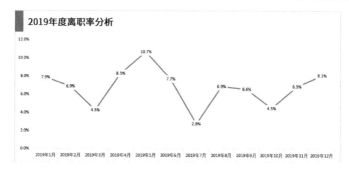

●图 2-52　离职率分析折线图

专家解析

COUNTIFS(源表 !$L:$L,">="&B$1, 源表 !$L:$L,"<"&EDATE(B$1,1)) 解析。

COUNTIFS 是多条件计数函数，是统计满足多个条件的数量，它的语法结构为 COUNTIFS(条件区域 1,条件 1,条件区域 2,条件 2,……)。这个公式用于统计大于等于 2019 年 1 月 1 日并且小于 2019 年 2 月 1 日的天数。

2. 各部门离职率统计与分析

前面内容学习了各月离职率统计，那么各部门离职率统计就要简单很多，操作步骤如下。

▷ **STEP 1**：在"离职率"工作表中再新建表格，见图 2-53。

▷ **STEP 2**：在 B10 单元格输入以下公式。

=ROUND(COUNTIFS(源表 !$C:$C,A10, 源表 !$U:$U,">="&B$1, 源表 !$U:$U,"<"&EDATE(B$1,1))/(COUNTIFS(源表 !$C:$C,A10, 源表 !$L:$L,"<"&B$1)-

COUNTIFS(源表!$C:$C,$A10,源表!$U:$U,"<"&B$1)+COUNTIFS(源表!$C:$C,$A10,
源表!$L:$L,">="&B$1,源表!$L:$L,"<"&EDATE(B$1,1))),3)

●图 2-53　各部门离职率统计表

向右和向下拖动，在 N10 单元格输入以下公式，并向下拖动。

=AVERAGE(B10:M10)

最终效果见图 2-54。

	2019年1月	2019年2月	2019年3月	2019年4月	2019年5月	2019年6月	2019年7月	2019年8月	2019年9月	2019年10月	2019年11月	2019年12月	年平均离职率
总经办	12.5%	14.3%	0.0%	16.7%	0.0%	0.0%	0.0%	0.0%	0.0%	0.0%	20.0%	0.0%	5.3%
研发部	0.0%	5.0%	0.0%	4.8%	4.8%	0.0%	0.0%	10.0%	0.0%	5.6%	0.0%	0.0%	2.5%
销售管理部	9.3%	2.9%	7.4%	4.5%	14.1%	14.0%	4.0%	8.3%	8.7%	2.3%	11.9%	10.5%	8.2%
生产技术部	7.5%	12.0%	4.0%	16.7%	12.5%	2.9%	5.9%	8.8%	6.5%	6.1%	12.1%	10.3%	8.8%
质量管理部	10.5%	11.8%	0.0%	0.0%	0.0%	0.0%	0.0%	5.6%	5.9%	0.0%	0.0%	0.0%	3.3%
采购供应部	0.0%	0.0%	14.3%	16.7%	0.0%	0.0%	0.0%	16.7%	20.0%	0.0%	20.0%	0.0%	7.3%
人力资源部	14.3%	0.0%	0.0%	0.0%	33.3%	0.0%	0.0%	20.0%	0.0%	0.0%	0.0%	0.0%	5.6%
综合管理部	16.7%	0.0%	0.0%	0.0%	20.0%	0.0%	0.0%	0.0%	0.0%	0.0%	0.0%	0.0%	6.4%
财务部	0.0%	12.5%	0.0%	14.3%	0.0%	33.3%	0.0%	0.0%	0.0%	0.0%	0.0%	0.0%	5.0%

●图 2-54　部门离职率统计效果图

▷▷ **STEP 3**：按住〈Ctrl〉键选择 A9:A18、N9:N18 数据区域，在 A21 单元格按
组合键〈Ctrl+V〉粘贴，然后再单击鼠标右键，【粘贴选项】选择【值】，见图 2-55。

通过 B5:M5 数据区域可计算得出公司年平均离职率为 6.8%，将数值填充在
C22:C30 数据区域，光标定位在 B22:B30 任意一个单元格，对此列数值进行降序排
序，最终效果见图 2-56。

	部门	公司
生产技术部	8.8%	6.8%
销售管理部	8.2%	6.8%
采购供应部	7.3%	6.8%
综合管理部	6.4%	6.8%
人力资源部	5.6%	6.8%
总经办	5.3%	6.8%
财务部	5.0%	6.8%
质量管理部	3.3%	6.8%
研发部	2.5%	6.8%

●图 2-55　选择性粘贴为值　　●图 2-56　部门离职率统计表

●○ **小技巧：**

选中 C22:C30，输入"6.8%"后，按组合键〈Ctrl+Enter〉可以快速填充数值。
通过此技巧可以选中连续或不连续的数据区域，快速填充相同数据。

▶▶ **STEP 4**：选中 A21:C30 数据区域，在【插入】选项卡【图表】功能区【插入组合图】下拉列表中选择【簇状柱形图 – 折线图】，见图 2-57。

●图 2-57　插入组合图

▶▶ **STEP 5**：选中任意网络线，按〈Delete〉键删除，单击任意柱形，添加数据标签，在折线最右端单击鼠标然后再单击，选择图表右上角【图表元素】-【数据标签】-【右】，见图 2-58。

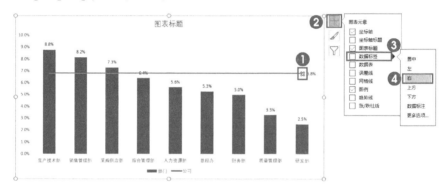

●图 2-58　添加数据标签

▶▶ **STEP 6**：修改图表标题为"2019 年度各部门离职率分析"并美化图表，最终效果见图 2-59。

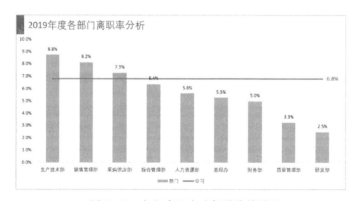

●图 2-59　部门离职率分析最终效果图

专家解析

ROUND(COUNTIFS(源表 !$C:$C,$A10, 源表 !$U:$U,">="&B$1, 源表 !$U:$U,"<"&EDATE (B$1,1))/(COUNTIFS(源表 !$C:$C,$A10, 源表 !$L:$L,"<"&B$1)-COUNTIFS(源表 !$C:$C, $A10, 源表 !$U:$U,"<"&B$1)+COUNTIFS(源表 !$C:$C,$A10, 源表 !$L:$L,">="&B$1, 源表 !$L:$L,"<"&EDATE(B$1,1))),3) 是一个比较长的嵌套公式，它是对应月离职率的计算公式，可以分为四部分，分别如下。

- COUNTIFS(源表 !$C:$C,$A10, 源表 !$U:$U,">="&B$1, 源表 !$U:$U,"<"&EDATE(B$1,1))，COUNTIFS 判断满足部门为"总经办"，大于等于 2019 年 1 月 1 日且小于 2019 年 2 月 1 日的天数，用于统计总经办 2019 年 1 月份离职人数。
- COUNTIFS(源表 !$C:$C,$A10, 源表 !$L:$L,"<"&B$1)-COUNTIFS(源表 !$C:$C, 源表 !$U:$U,"<"&B$1) 用于统计总经办 2019 年 1 月初人数。
- COUNTIFS(源表 !$C:$C,$A10, 源表 !$L:$L,">="&B$1, 源表 !$L:$L,"<"&EDATE(B$1,1)) 用于统计总经办 2019 年 1 月入职人数。
- 最后用 ROUND 函数保留 3 位小数。

2.7 用旋风图分析员工入离职情况

员工信息表中的数据分析可以分为在职员工数据分析、离职员工数据分析和入职员工数据分析三大类，但是作为 HR，不能把这三部分完全独立分析，离职员工数据和入职员工数据可以在一起分析，这就要用到一个比较经典的图表——旋风图，具体操作步骤如下。

▷▷ **STEP 1：** 新建一个名为"入离职分析"的工作表，在"离职率"工作表中选择 A3:M4 数据区域，然后在"入离职分析"工作表 B1 单元格单击右键，选择【值】，然后美化表格，见图 2-60。

	A	1月	2月	3月	4月	5月	6月	7月	8月	9月	10月	11月	12月
2	入职	2	3	8	5	3	2	3	3	5	4	2
3	离职	16	13	8	15	18	12	4	10	9	6	9	10

● 图 2-60 入离职统计表

▶ **STEP 2**：在第 2 行和第 3 行插入两个空行，第 1 个空行将入职的数值改成负数，第 2 行空行增加辅助列，内容填充数字 2，见图 2-61。

	A	B	C	D	E	F	G	H	I	J	K	L	M
1		1月	2月	3月	4月	5月	6月	7月	8月	9月	10月	11月	12月
2	入职	2	3	8	5	3	4	2	3	3	5	4	2
3	入职	-2	-3	-8	-5	-3	-4	-2	-3	-3	-5	-4	-2
4			2	2	2	2	2	2	2	2	2	2	2
5	离职	16	13	8	15	18	12	4	10	8	6	9	10

●图 2-61　修改后表格内容

▶ **STEP 3**：按住〈Ctrl〉键，选择 A1:M1、B3:M5 数据区域，在【插入】选项卡【图表】功能区【插入柱形图或条形图】下拉列表中选择【堆积条形图】，见图 2-62。

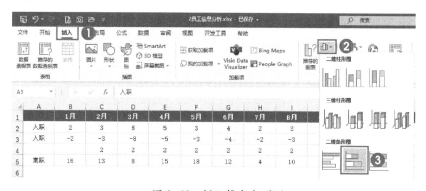

●图 2-62　插入堆积条形图

▶ **STEP 4**：双击垂直轴，在右侧弹出的【设置坐标轴格式】窗格中勾选【逆序类别】，见图 2-63。

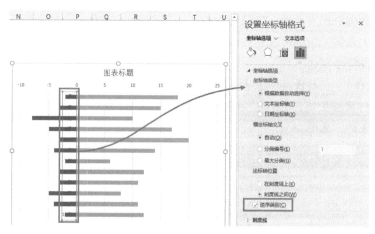

●图 2-63　设置逆序类别

▶▶ **STEP 5**：按〈Delete〉键分别删除网格线、垂直轴、水平轴。将中间的条形图填充颜色修改为【无填充】，调整另外两个条形图颜色，见图 2-64。

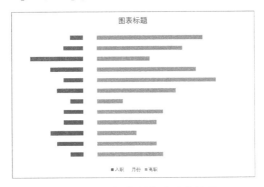

● 图 2-64　初步调整后图表效果

▶▶ **STEP 6**：单击中间条形图，添加数据标签为【居中】格式，然后双击添加的数据标签，在右侧弹出的【设置数据标签格式】窗格中取消勾选【值】复选框，勾选【类别名称】复选框，见图 2-65。

● 图 2-65　设置数据标签格式

▶▶ **STEP 7**：单击任意一个条形图，在【设置数据系列格式】窗格中将【间隙宽度】调整为 "50%"。

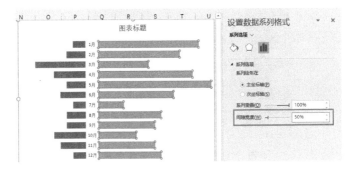

增加入职和离职两个系列条形数据标签，单击入职系列的数据标签，在【设置数据标签格式】窗格中取消勾选【值】复选框，勾选【单元格中的值】复选框，在弹出的【数据标签区域】对话框中选择 B2:M2 数据区域，见图 2-66。

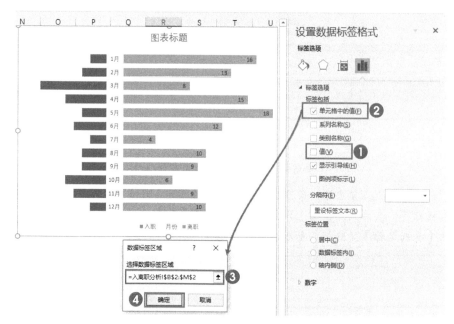

● 图 2-66　设置单元格中的值

将图例调整到合适位置，修改图表标题为"2019 年度入离职分析"，完成后效果见图 2-67。

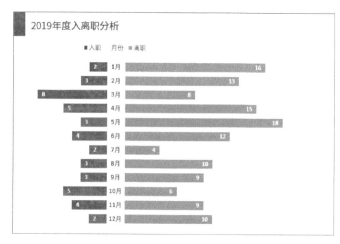

● 图 2-67　入离职分析最终效果图

专家解析

① 辅助列的作用是为了使数据标签中的【类别名称】显示月份，辅助列的数值可以根据实际情况调整，只需把"月份"标签显示完整并且美观即可。

② 【间隙宽度】设置是为了调整各条形图之间的距离，数值越小距离越近。

2.8 用图表组合员工结构分析效果

员工结构分析是员工信息表中最基本的分析，包括性别、年龄、工龄、学历、职级、地域等方面的分析。按员工状态分，还可以分为在职员工、入职员工和离职员工的员工结构分析。结合员工信息表，还可以分析当前状态员工结构，也可以分析以往时间员工结构。另外还可以进行交叉分析，例如部门等维度与员工结构的交叉分析等。

本次以 2019 年 12 月 31 日的员工状态来讲解在职员工性别、年龄、工龄、学历分析，具体操作步骤如下。

▷ **STEP 1**：在"序列"工作表中新增年龄分段表格内容，见图 2-68。

▷ **STEP 2**：用高级筛选把 2020 年 1 月 1 日前入职人员信息筛选出来，见图 2-69。

节点	年龄分段
0	20岁以下
20	[20-30)岁
30	[30-40)岁
40	[40-50)岁
50	[50-60)岁
60	60岁以上

●图 2-68　年龄分段

●图 2-69　高级筛选设置

▷ **STEP 3**：在 I5 单元格输入如下公式，并向下填充公式。
=IF(T5=" 在职 ",DATEDIF(H5,"2019-12-31","y"),DATEDIF(H5,U5,"y"))
在 M5 单元格输入如下公式，并向下填充公式。

=IF(T5=" 在职 ",DATEDIF(L5,"2019-12-31","m"),DATEDIF(L5,U5,"m"))

在 I 列和 M 列后面分别新增一列，列标题分别为"年龄分段"和"工龄分段"，在 J5 单元格输入如下公式，并向下填充公式。

=VLOOKUP(I5, 序列 !$Q$1:$R$7,2,1)

在 O5 单元格输入如下公式，并向下填充公式。

=VLOOKUP(N5, 序列 !$N$1:$O$8,2,1)

完成后效果见图 2-70。

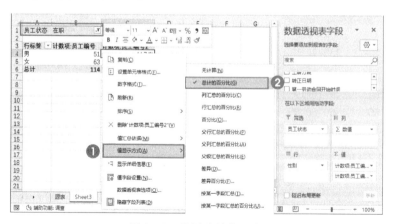

● 图 2-70　员工信息表修改后效果

▶▶ **STEP 4：** 鼠标定位在修改完成后的员工信息表格中任意一个单元格，在【插入】选项卡【表格】功能区单击【数据透视表】，在弹出的【创建数据透视表】对话框中直接单击【确定】按钮。将【员工状态】字段拖动到【筛选】区域并筛选为"在职"，将【性别】字段拖动到【行】区域，将【员工编号】字段拖动到【值】区域两次。在 C 列数据透视表任意一个数字上右键单击，依次选择【值显示方式】-【总计的百分比】，见图 2-71。

● 图 2-71　设置总计的百分比

▷ **STEP 5**：新建一个名为"员工结构分析"的工作表，将数据透视表内容粘贴到这个工作表中，要粘贴为【值】格式，并依次操作学历、年龄分段、工龄分段数据内容，完成后见图 2-72。

性别	人数	占比
男	51	44.74%
女	63	55.26%
总计	114	100.00%

学历	人数	占比
博士	6	5.26%
硕士	10	8.77%
本科	54	47.37%
大专	28	24.56%
中专	5	4.39%
高中	11	9.65%
总计	114	100.00%

年龄分段	人数	占比
20岁以下	0	0.00%
[20-30) 岁	25	21.93%
[30-40) 岁	51	44.74%
[40-50) 岁	24	21.05%
[50-60) 岁	11	9.65%
60岁以上	3	2.63%
总计	114	100.00%

工龄分段	人数	占比
1个月以内	2	1.75%
[1-4) 个月	5	4.39%
[4-6) 个月	3	2.63%
[6-12) 个月	9	7.89%
[12-36) 个月	25	21.93%
[36-96) 个月	34	29.82%
96个月以上	36	31.58%
总计	114	100.00%

源表　Sheet3　辅助表　平均人数　离职率　入离职分析　**员工结构分析**

● 图 2-72　员工结构分析数据表格

▷ **STEP 6**：分别插入四个柱形图，美化后效果见图 2-73。

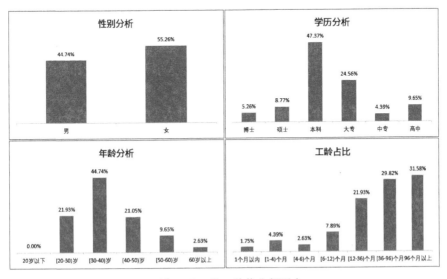

● 图 2-73　员工结构分析图表

●○ **小技巧:**

　　要将多个图表美化成同样格式时,可以设置好一个图表的格式,然后单击这个图表并按组合键<Ctrl+V>,选择没有美化的一个图表,在【开始】选项卡【剪贴板】功能区【粘贴】下拉列表中选择【选择性粘贴】,在弹出的【选择性粘贴】对话框中选择【格式】,单击【确定】按钮即可快速把图表美化,见图2-74。

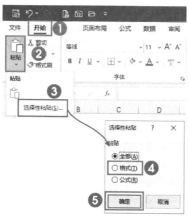

图 2-74　快速美化图表

2.9　人事月报表设计与统计

　　人事月报表是 HR 每月必须要做的一个报表,报表的格式多种多样,但是无论格式如何变化,基本都是涵盖在职员工、入职员工和离职员工的统计数据。

　　下面以 2019 年 12 月份月报表为例来讲一下人事月报表的设计与统计,具体操作步骤如下。

▷▷ **STEP 1:** 新建一个名为"月度报表"的工作表,并设计表格内容,见图2-75。

●图 2-75　人事月报表表格结构

▷ **STEP 2：** 在"辅助表"工作表中筛选入职日期小于 2020 年 1 月 1 日的员工信息，根据前面内容修改年龄和工龄，增加"年龄分段"和"工龄分段"列。

▷ **STEP 3：** 在 B5 单元格输入如下公式。

=COUNTIFS(辅助表 !$C:$C, 月度报表 !$A5, 辅助表 !M:M,">="& 月度报表 !$B$2, 辅助表 !M:M,"<="&EDATE(月度报表 !$B$2,1)−1)

在 C5 单元格输入如下公式。

=COUNTIFS(辅助表 !$C:$C, 月度报表 !$A5, 辅助表 !W:W,">="& 月度报表 !$B$2, 辅助表 !W:W,"<="&EDATE(月度报表 !$B$2,1)−1)

在 D5 单元格输入如下公式，并向右拖动到 E5 单元格。

=COUNTIFS(辅助表 !$C:$C, 月度报表 !$A5, 辅助表 !$F:F,D4, 辅助表 !$V:$V," 在职 ")

在 F5 单元格输入如下公式，并向右拖动到 K5 单元格。

=COUNTIFS(辅助表 !$C:$C, 月度报表 !$A5, 辅助表 !$K:K,F4, 辅助表 !$V:$V," 在职 ")

在 L5 单元格输入如下公式，并向右拖动到 O5 单元格。

=COUNTIFS(辅助表 !$C:$C, 月度报表 !$A5, 辅助表 !$J:J,L4, 辅助表 !$V:$V," 在职 ")

在 R5 单元格输入如下公式，并向右拖动到 X5 单元格。

=COUNTIFS(辅助表 !$C:$C, 月度报表 !$A5, 辅助表 !$O:O,R4, 辅助表 !$V:$V," 在职 ")

在 Y5 单元格输入如下公式。

=SUM(R5:X5)

选中 B5:Y5 数据区域，并向下填充公式至 B13:Y13 数据区域，然后 B14:Y14 数据区域求和，最终效果见图 2-76。

●图 2-76 人事月报表最终效果图

CHAPTER

3

招聘管理——
全面深入的招聘数据管理

公司的招聘工作不仅仅是把人员招聘到位，还要对招聘数据进行持续性统计与分析，以提升 HR 的招聘效果。招聘数据的统计与分析不能只停留在数字统计阶段，更要统计基础的信息，这样才能进行多维的数据分析。本章内容主要介绍如何设计招聘数据统计表格、如何统计数据以及分析数据。

3.1 无用的招聘数据统计方式

在人力资源各模块中，招聘模块的数据统计工作相对比较薄弱，有的 HR 还停留在用 Excel 知识解决零散问题的阶段，没有用数据收集、数据统计、数据分析与数据呈现等全流程的观念来处理招聘模块中的数据，导致数据不能综合全面分析，不能通过数据提升招聘效能。常见的无用招聘数据统计方式有以下几种。

1. 直接统计数字

统计数据和统计数字是不同的概念，数据代表信息，它和单纯的数字是不同的。例如今天面试了 5 个人，在表格中输入"5"，这是数字，把 5 个人的个人信息输入到表格中，这是数据，如果要想知道今天面试了几个人，是通过面试人员信息统计出来的。

试想一下，如果统计了今年总共面试了 4000 人，要想知道这 4000 人分别是面试哪些岗位的、分别是什么学历、工作了几年、男女比例如何、哪些面试官面试了他们、分别来源于哪些招聘渠道等，每增加一个问题，就需要把数字再细分统计，而且是提前要把这些都想到位，然后在日常工作中逐渐地统计数字，否则到年底会因为新增新的统计维度而不知所措。

最好的解决方案是统计参加面试的人员信息，再加上其他数据，这样无论统计什么数字，只需要对应聘人员信息表进行统计，一般不会有遗漏，而且想要什么数据都可以快速统计出来。

2. 不同阶段设定不同表格

招聘工作的重点每年是不同的，招聘数据分析或者年度招聘结果汇报所用到的数据每年也是不同的，这就出现了根据年度工作重点统计数据的情况。

这种做法虽然能解决每年所需数据统计的问题，但是从长期来看，每年的数据不能完全匹配，给中长期的数据分析带来了麻烦，甚至因为有些数据缺失而不能分析。更麻烦的是有些数据直接以数字形式体现，在中长期分析时数据不少却没有分析的意义。

解决方案是提前设定一套大而全的表格来收集数据，每年收集数据时，只能增加数据项目而不能减少，这样收集的数据会越来越全，进行中长期数据分析时，至少绝大部分数据不会有缺失。缺点是随着时间的增长，在数据收集上面耗费的精力会越来越多，随着科技的发展，这些问题也会逐步解决。

3. 各自为战，数据分割

数据分割在职场中是普遍存在的情况，数据分割的后果是难以进行统一或者

需要花费很大的精力去统一数据。如公司有两个招聘团队，它们都是按照自己的思路去统计数据，当需要把两个招聘团队的数据统一汇总时会发现存在诸多的问题。公司中有不同的招聘团队、不同的人负责不同的招聘渠道、不同的人负责不同层次人员的招聘、招聘数据的统计由多个人负责等都会导致出现数据分割的情况。

解决方案是尽量用一套表格去收集数据，涉及收集数据的人员越少越好，或者是所有收集数据的人员对表格的使用规范都非常了解，这样收集的数据就可以直接使用了。

3.2 四套表格全面统计招聘数据

招聘管理中的数据统计，按照数据相近的原则分类，可以分为招聘需求数据、招聘实施数据、招聘成本数据。另外在招聘数据统计中，有些数据明细 HR 是没有必要统计的，例如投递简历的数据、初步筛选简历的数据等，这些只需要统计数字即可，毕竟绝大部分没有通过筛选的简历对 HR 是无用的。按照这种思路，招聘数据统计表格可以分为四套，分别是招聘需求统计表、应聘人员统计表、招聘成本统计表和招聘数据统计表。

1. 招聘需求统计表

招聘需求统计表是把全年人力资源部门收到的招聘需求进行统计，包括招聘需求部门、需求岗位、需求人数、开始时间及结束时间等，而在一些公司，人力资源部门的招聘并非完全基于招聘需求，也有可能是基于年度工作规划或部门缺员补充。无论基于什么形式，HR 只要新开启一项招聘就统计一项招聘需求，这样可以直观反映工作的成效。

具体操作步骤如下。

▷▷ **STEP 1**：新建工作簿并命名为"招聘数据管理"，将工作表命名为"招聘需求统计表"，在工作表中输入标题，见图 3-1。

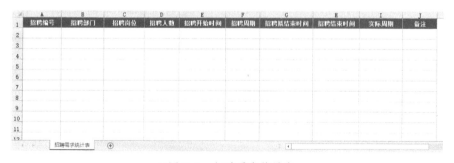

● 图 3-1 招聘需求统计表

▶ **STEP 2：** 新建一个名为"序列"的工作表，输入部门和岗位信息，见图 3-2。

	A	B	C	D	E	F	G
1	总经办	质量总监	生产总监	研发总监	销售总监		
2	财务部	财务经理	会计	出纳			
3	采购供应部	采购经理	采购主管	采购专员			
4	综合管理部	行政经理	行政专员				
5	研发部	研发经理	研发主管	研发工程师			
6	质量管理部	质量经理	质量主管	质量工程师	质检员		
7	人力资源部	人力资源主管	招聘培训专员	招聘专员	薪酬绩效专员	培训专员	人事专员
8	销售管理部	销售经理	销售主管	销售专员			
9	生产技术部	生产经理	生产主管	生产技术员	生产专员	操作工	
10							

招聘需求统计表　序列　⊕

●图 3-2　部门及岗位信息

▶ **STEP 3：** 选中 A1:G9 数据区域，然后按〈F5〉键，在【定位】对话框中选择【定位条件】，在弹出的【定位条件】对话框中选择【常量】，单击【确定】按钮，见图 3-3。

●图 3-3　选择常量

▶ **STEP 4：** 在【公式】选项卡【定义的名称】功能区单击【根据所选内容创建】按钮，在【根据所选内容创建名称】对话框中只勾选【最左列】复选框，见图 3-4。

▶ **STEP 5：** 选中表格中 B2 单元格，单击【数据】选项卡【数据工具】功能区【数据验证】按钮，弹出【数据验证】对话框。

▶ **STEP 6：** 在【允许】下拉列表中选择【序列】，鼠标光标定位在【来源】文本框，然后鼠标单击"序列"工作表，选择 A1:A9 数据区域，单击【确定】按钮，见图 3-5。

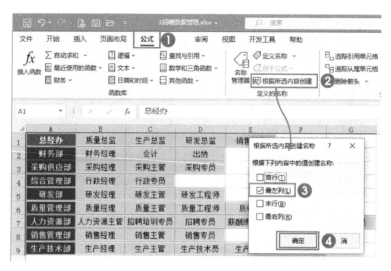

●图 3-4　定义名称

▶ **STEP 7**：选中 C2 单元格，在【数据验证】对话框的【允许】下拉列表中选择【序列】，鼠标光标定位在【来源】文本框，输入如下公式，见图 3-6，然后单击【确定】按钮。

=INDIRECT(B2)

●图 3-5　部门序列设置

●图 3-6　岗位序列设置

▶ **STEP 8**：在 G2 单元格输入如下公式。

=E2+F2

在 I2 单元格输入如下公式。

=H2−E2

设置完成后，可以输入内容，每次输入新的内容，需要选中上面一行内容向下拖动，填充公式和格式。

- 招聘编号：一般来说招聘编号的最大作用是让每一个招聘需求形成唯一值，这样检索比较方便，如设定招聘编号的规则为"4 位年份 –R+4 位顺序号"，如"2019–R0001"代表 2019 年第一个招聘需求，对于一个招聘需求有多个岗位要求的，按岗位拆分成不同的招聘编号。
- 招聘开始时间：实际收到招聘需求的日期或者招聘计划启动的日期。
- 招聘周期：招聘周期一般作为招聘 KPI，对于不同的职级可以设置不同的招聘周期，本例中设定生产一线人员及辅岗人员招聘周期为 15 天，其他岗位招聘周期为 30 天。
- 招聘拟结束时间：有了明确的招聘开始时间，加上招聘周期的天数就是招聘拟结束时间。
- 招聘结束时间：代表实际招聘完成的时间，通过对比可知招聘 KPI 有没有完成。
- 实际周期：代表某个招聘需求实际的招聘周期，也是为了看招聘 KPI 有没有完成。
- 备注：备注一些事项，本例中备注猎头招聘和委托招聘，在部分数据统计与分析中将不对这两项招聘进行统计和分析。

把招聘需求信息输入到表格中，最终效果见图 3–7。

	A	B	C	D	E	F	G	H	I	J
1	招聘编号	招聘部门	招聘岗位	招聘人数	招聘开始时间	招聘周期	招聘拟结束时间	招聘结束时间	实际周期	备注
2	2019-R0001	人力资源部	招聘培训专员	1	2019-1-2	30	2019-2-1	2019-1-11	9	
3	2019-R0002	生产技术部	操作工	1	2019-1-3	15	2019-1-18	2019-1-19	16	
4	2019-R0003	研发部	研发工程师	2	2019-1-6	30	2019-2-5	2019-1-24	18	
5	2019-R0004	销售管理部	销售专员	1	2019-1-9	30	2019-2-8	2019-2-1	23	
6	2019-R0005	生产技术部	操作工	3	2019-1-11	15	2019-1-26	2019-2-20	40	
7	2019-R0006	总经办	销售总监	1	2019-1-11	30	2019-2-10	2019-2-8	28	猎头招聘
8	2019-R0007	研发部	研发经理	1	2019-1-11	30	2019-2-10	2019-2-8	28	猎头招聘
9	2019-R0008	研发部	研发工程师	1	2019-2-1	30	2019-3-3	2019-3-21	48	猎头招聘
10	2019-R0009	人力资源部	招聘培训专员	1	2019-2-23	30	2019-3-25	2019-3-27	32	
11	2019-R0010	生产技术部	操作工	20	2019-3-1	30	2019-3-31	2019-4-2	32	委托招聘
12	2019-R0011	生产技术部	操作工	5	2019-3-13	15	2019-3-28	2019-3-30	17	
13	2019-R0012	销售管理部	销售专员	1	2019-3-15	30	2019-4-14	2019-4-19	35	

● 图 3–7　招聘需求统计表最终效果

2. 应聘人员统计表

应聘人员统计表主要是统计招聘实施过程的数据，招聘实施过程是以候选者贯穿始终的，所以招聘实施过程数据统计主要是统计应聘人员信息和他们面试的各种状态，这个表格记录的信息可以统计招聘过程中的数据，例如通知初试人数、初试通过人数、复试通过人数、入职人数、未入职原因、应聘人员学历和年龄等。

具体操作步骤如下。

▶▶ **STEP 1**: 新建名为"应聘人员统计表"的工作表,并设计表格,见图 3-8。

● 图 3-8　应聘人员统计表

▶▶ **STEP 2**: 性别、学历、招聘渠道和未报到原因可以通过设置下拉菜单实现快速规范输入。

选中 C2 单元格,设置下拉菜单,在【数据验证】对话框的【允许】下拉列表选择【序列】,在【来源】文本框中输入"男,女",单击【确定】按钮,见图 3-9。

学历下拉菜单设置和性别下拉菜单设置相同,在【来源】文本框中输入"博士,硕士,本科,大专,中专,高中"。

招聘渠道下拉菜单设置。在"序列"工作表输入各个招聘渠道,见图 3-10,在【数据验证】对话框的【来源】文本框中输入"=序列!$I$2:$I$10"。

● 图 3-9　性别下拉菜单设置

	A	B	C	D	E	F	G	H	I
1	总经办	质量总监	生产总监	研发总监	销售总监				招聘渠道
2	财务部	财务经理	会计	出纳					网络渠道1
3	采购供应部	采购经理	采购主管	采购专员					网络渠道2
4	综合管理部	行政经理	行政专员						网络渠道3
5	研发部	研发经理	研发主管	研发工程师					现场招聘
6	质量管理部	质量经理	质量主管	质量工程师	质检员				内部推荐
7	人力资源部	人力资源主管	招聘培训专员	招聘专员	薪酬绩效专员	培训专员	人事专员		校园招聘
8	销售管理部	销售经理	销售主管	销售专员					猎头招聘
9	生产技术部	生产经理	生产主管	生产技术员	生产专员	操作工			委托招聘
10									其他招聘
11									

● 图 3-10　各招聘渠道

未报到原因下拉菜单设置。在"序列"工作表中输入未报到的各种原因，见图 3-11，在【数据验证】对话框的【来源】文本框中输入"= 序列 !$K$2:$K$8"。

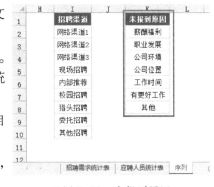

>> **STEP 3**：在 H2 单元格输入如下公式。

=IFERROR(VLOOKUP(G2, 招聘需求统计表 !$A:$C,3,0),0)

输入招聘编号后，"应聘岗位"项会自动生成，"参加初试、初试通过、参加复试、复试通过"几列中输入"是"或者不输入内容，数据输入后效果见图 3-12。

● 图 3-11　未报到原因

序号	姓名	性别	年龄	学历	招聘渠道	招聘编号	应聘岗位	初试时间	参加初试	初试通过	复试时间	参加复试	复试通过	通知入职时间	入职时间	未报到原因
1	应聘者1	女	23	大专	校园招聘	2019-R0001	招聘培训专员	2019-1-1	是		2019-1-4					
2	应聘者2	男	32	本科	校园招聘	2019-R0001	招聘培训专员	2019-1-1	是							
3	应聘者3	女	34	大专	网络渠道2	2019-R0001	招聘培训专员	2019-1-1	是	是	2019-1-4	是	是	2019-1-11		有更好工作
4	应聘者4	男	31	大专	网络渠道2	2019-R0001	招聘培训专员	2019-1-1	是							
5	应聘者5	男	24	中专	内部推荐	2019-R0001	招聘培训专员	2019-1-1	是							
6	应聘者6	女	25	大专	网络渠道3	2019-R0001	招聘培训专员	2019-1-1	是	是	2019-1-4	是	是	2019-1-11		公司位置
7	应聘者7	女	28	大专	网络渠道2	2019-R0001	招聘培训专员	2019-1-1	是							
8	应聘者8	女	25	本科	内部推荐	2019-R0001	招聘培训专员	2019-1-1	是							
9	应聘者9	女	25	大专	网络渠道3	2019-R0001	招聘培训专员	2019-1-1	是	是	2019-1-4	是	是	2019-1-11		工作时间
10	应聘者10	男	24	本科	网络渠道1	2019-R0001	招聘培训专员	2019-1-1	是	是	2019-1-4					
11	应聘者11	男	25	大专	网络渠道2	2019-R0001	招聘培训专员	2019-1-1	是							
12	应聘者12	女	35	本科	网络渠道1	2019-R0001	招聘培训专员	2019-1-1	是							

● 图 3-12　应聘人员统计表最终效果

3. 招聘成本统计表

招聘成本统计主要是用来统计分析招聘费用支出的情况，可以分为：

- 招聘渠道费用：花费在各种招聘渠道上面的费用。
- 宣传 / 资料费用：包括广告宣传、印制宣传页、填写表格、展架、条幅等方面的费用。
- 差旅费：招聘人员和被面试人员的交通、食宿和出差补助等费用。
- 其他费用：招聘租赁场地费用以及其他用于招聘的费用。

招聘费用每发生一笔记录一笔，这样在进行月、季、半年、年度数据分析时可以直接取用，具体招聘成本统计表设计步骤如下。

>> **STEP 1**：新建名为"招聘费用统计表"的工作表，并设计表格，见图 3-13。

>> **STEP 2**：在 B2 单元格设置招聘渠道下拉菜单，在 G2 单元格输入如下公式。

=SUM(C2:F2)

表格设计完成后根据费用发生情况，可随时更新数据，表格中的日期按费用发生的日期统计，这里会出现有些渠道费用是按周期支付的，例如按年支付，为了能精确地统计成本，需要把发生的费用均摊到每个月。例如 2019 年 2 月 1 日支付

某个平台 1 年费用为 24000 元，则 2019 年 2 月 1 日至 2020 年 1 月 31 日每月均摊这个平台的费用为 2000 元。

日期	招聘渠道	渠道服务费用	宣传/资料费用	差旅费	其他费用	合计

●图 3-13　招聘费用统计表

每次录入新数据时，可以把上面一行选中拖动到下面，即可把设置的数据验证格式和公式复制到下面一行，然后再输入内容。数据输入后效果见图 3-14。

日期	招聘渠道	渠道服务费用	宣传/资料费用	差旅费	其他费用	合计
2019-1-1	网络渠道1	1200			450	1650
2019-1-21	网络渠道2	800				800
2019-1-8	网络渠道3	600			450	1050
2019-1-1	现场招聘	3000	950	2450		6400
2019-1-1	内部推荐	400			700	1100
2019-1-1	校园招聘		675	1600	400	2675
2019-2-1	网络渠道1	1200				1200
2019-2-21	网络渠道2	1500				1500
2019-2-8	网络渠道3	600				600
2019-2-15	猎头招聘	36000				36000
2019-2-1	现场招聘	2100	450	1550		4100
2019-2-1	校园招聘		45	1400		1445

●图 3-14　招聘费用统计表最终效果

4. 招聘数据统计表

在前面三个统计表中，并不包括投递简历数量、HR 初步筛选简历数量、用人部门筛选简历数量等，这些可以直接统计数字，同时结合应聘人员统计表中的数据生成一些数据作为日常查询或者分析用，具体操作步骤如下。

▷▷ **STEP 1**：新建一个名为"招聘数据统计表"的工作表，设置列标题并美化，见图 3-15。

	A	B	C	D	E	F	G	H	I	J	K	L
1	统计月份	招聘编号	招聘岗位	投递简历数量	HR初步筛选	用人部门筛选	初试人数	初试通过人数	复试人数	复试通过人数	通知入职人数	报到人数
2												
3												
4												
5												
6												
7												
8												
9												
10												
11												
12												

招聘需求统计表　应聘人员统计表　招聘费用统计表　招聘数据统计表　序列

● 图 3-15　招聘数据统计表

▷▷ **STEP 2：** 选中 A2 单元格，按组合键〈Ctrl+1〉，在弹出的【设置单元格格式】对话框【数字】选项卡的【分类】列表中选择【自定义】，在【类型】文本框中输入 "m 月"，见图 3-16。

● 图 3-16　设置单元格格式

▷▷ **STEP 3：** 设置公式。

G2=COUNTIFS(应聘人员统计表 !$G:$G,B2, 应聘人员统计表 !$I:$I, " >= "&A2, 应聘人员统计表 !$I:$I, " <= "&EOMONTH(A2,0), 应聘人员统计表 !$J:$J,"是")。

H2 =COUNTIFS(应聘人员统计表 !$G:$G,B2, 应聘人员统计表 !$I:$I, " >= "&A2, 应聘人员统计表 !$I:$I, " <= "&EOMONTH(A2,0), 应聘人员统计表 !$K:$K,是")。

I2 =COUNTIFS(应聘人员统计表 !$G:$G,B2, 应聘人员统计表 !$L:$L, " >= "&A2, 应聘人员统计表 !$L:$L, " <= "&EOMONTH(A2,0), 应聘人员统计表 !$M:$M, "是")。

J2 =COUNTIFS(应聘人员统计表 !$G:$G,B2, 应聘人员统计表 !$L:$L, " >= "
&A2, 应聘人员统计表 !$L:$L, " <= " &EOMONTH(A2,0), 应聘人员统计表 !$N:$N,
"是")。

K2 =COUNTIFS(应聘人员统计表 !$G:$G,B2, 应聘人员统计表 !$O:$O,
" >= " &A2, 应聘人员统计表 !$O:$O, " <= " &EOMONTH(A2,0))。

L2 =COUNTIFS(应聘人员统计表 !$G:$G,B2, 应聘人员统计表 !$P:$P,
" >= " &A2, 应聘人员统计表 !$P:$P, " <= " &EOMONTH(A2,0))。

设置完成后，可以随时输入数据。

● 统计月份：这一列中输入的格式都为当月1日，如 2019-1-1、2019-2-1 等，
  显示的结果为某某月，如输入 2019-1-1 时显示"1 月"。

● 招聘编号和招聘岗位：本月中根据招聘需求有招聘动作时，把这两项内容
  输入，招聘岗位也可以根据招聘编号从"招聘需求统计表"中引用。

● 投递简历数量：在各个招聘渠道投递的招聘简历总数量，汇总后直接填入
  表格。

● HR 初步筛选：人力资源部门通过初步筛选后的简历数量，汇总后直接填
  入表格。

● 用人部门筛选：人力资源部门筛选简历后，再交用人部门筛选后的简历数量，
  汇总后填入表格。

● 后期的几列数量通过公式自动生成。

录入数据后见图 3-17。

	A 统计月份	B 招聘编号	C 招聘岗位	D 投递简历数量	E HR初步筛选	F 用人部门筛选	G 初试人数	H 初试通过人数	I 复试人数	J 复试通过人数	K 通知入职人数	L 报到人数
2	1月	2019-R0001	招聘培训专员	71	25	18	13	7	5	4	4	1
3	1月	2019-R0002	操作工	19	6	5	4	3	1	1	1	1
4	1月	2019-R0003	研发工程师	96	26	21	17	9	7	4	4	2
5	1月	2019-R0004	销售专员	32	12	10	9	4	3	2	0	0
6	1月	2019-R0005	操作工	24	8	5	4	2	0	0	0	0
7	2月	2019-R0004	销售专员	0	0	0	0	0	0	0	2	1
8	2月	2019-R0005	操作工	21	9	6	11	7	6	4	4	3
9	2月	2019-R0009	招聘培训专员	20	7	6	5	2	2	2	1	0
10	2月	2019-R0011	操作工	53	16	12	5	1	1	0	0	0
11	2月	2019-R0012	销售专员	107	45	39	0	0	0	0	0	0
12	3月	2019-R0009	招聘培训专员	86	25	15	26	16	10	6	7	5
13	3月	2019-R0011	操作工	65	22	16	13	5	5	3	3	1
14	3月	2019-R0012	销售专员	20	9	8	12	2	2	0	0	0
15	3月	2019-R0014	销售专员	44	18	16	7	3	2	0	0	0

招聘需求统计表　应聘人员统计表　招聘费用统计表　招聘数据统计表　序列

● 图 3-17　招聘数据统计表效果图

●○ **小技巧**

表格中的零值比较多，看起来比较杂乱，可以设置不显示零值，单击【文件】选项卡选择【选项】，在弹出的【Excel 选项】窗口中选择【高级】，将【在具有零值的单元格中显示零】的勾选取消，见图 3-18，单击【确定】按钮。

●图 3-18　取消零值

专家解析

COUNTIFS(应聘人员统计表 !$G:$G,B2, 应聘人员统计表 !$I:$I,">="&A2, 应聘人员统计表 !$I:$I,"<="&EOMONTH(A2,0), 应聘人员统计表 !$J:$J,"是") 解析。

- EOMONTH 函数返回某个日期向前或向后 n 个月之后的日期所在月最后一天，EOMONTH(A2,0) 是返回 2019 年 1 月 1 日所在月的最后一个日期，即 2019 年 1 月 31 日。

- COUNTIFS 函数返回多条件计数函数，用于统计满足多个条件的数量。这个公式是统计 2019 年 1 月 1 日至 2019 年 1 月 31 日期间，招聘编号为"2019-R0001"的初试通过人数。

3.3　招聘计划完成率不是简单的"实际报到 / 计划招聘"

招聘计划完成率的计算公式如下。

招聘计划完成率 = (实际报到人数 / 计划招聘人数) ＊ 100%

在实际工作中，这个公式应用时要考虑各种情况，例如在计算每月招聘计划完成率时，不能单纯以当月实际报到人数和计划招聘人数来计算，而是要计算招聘需求指定的日期内招聘到了多少人。例如，某月只有一项招聘需求，即要求 10 名采购专员到岗，但是从采购专员招聘需求开始到当月结束，采购专员入职人数为 0，生产操作工入职人数为 10，那么这个月的招聘计划完成率应该为 0，而非 100%。

因此，在 Excel 中根据实际情况计算招聘计划完成率的具体操作步骤如下。

▷▷ **STEP 1**：新建一个名为"辅助表"的工作表。

▷▷ **STEP 2**：在"应聘人员统计表"工作表中，鼠标定位在任意一个单元格，在【开始】选项卡【编辑】功能区单击【排序和筛选】，在下拉列表中选择【筛选】，见图 3-19。

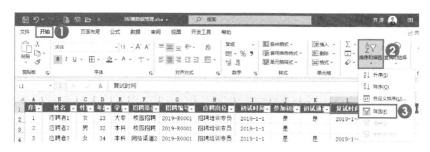

●图 3-19　筛选操作

▷▷ **STEP 3**：单击"入职时间"标题右下角按钮，将【空白】前面的勾选去掉，这样就可以把当年入职的所有人员信息筛选出来，见图 3-20。

▷▷ **STEP 4**：选择筛选出来的数据区域，按组合键〈Ctrl+C〉复制，光标定位在"招聘完成统计"工作表的 A1 单元格，按组合键〈Ctrl+V〉粘贴数据。

▷▷ **STEP 5**：在 R1、S1 单元格分别输入"招聘拟结束时间""按期完成"，在 R2 单元格输入如下公式。

=VLOOKUP(G2,招聘需求统计表!$A:$G,7,0)

在 S2 单元格输入如下公式。

=IF(P2<=R2,"是","否")

选中 R2:S2 数据区域，鼠标放在右下角变成黑色十字后双击鼠标左键，填充公式。

●图 3-20　筛选全年入职人员信息

▷ **STEP 6**：光标定位在表格中任意一个单元格中，在【插入】选项卡【表格】功能区单击【数据透视表】，在弹出的【创建数据透视表】对话框直接单击【确定】按钮，在生成的空白数据透视表中，将【入职时间】字段拖到【行】区域，将【按期完成】字段拖到【列】区域，将【招聘编号】字段拖到【值】区域两次，完成后效果见图 3-21。

●图 3-21　新建数据透视表

▷ **STEP 7**：在 C 列或 E 列中任意一个有数字的单元格右键单击，在【值显示方式】列表中选择【行汇总的百分比】，见图 3-22，这样 C 列和 E 列以百分比显示，即完成比例和未完成比例。

●图 3-22　行汇总的百分比

▷ **STEP 8**：新建一个名为"招聘计划完成率"的工作表，将数据透视表的内容复制到这个工作表中，然后调整并美化表格，见图 3-23。

月份	计划招聘人数	招聘未完成人数	未完成比例	招聘完成人数	完成比例
1月	4	1	25.00%	3	75.00%
2月	4	3	75.00%	1	25.00%
3月	6	1	16.67%	5	83.33%
4月	4	2	50.00%	2	50.00%
5月	3		0.00%	3	100.00%
7月	4	3	75.00%	1	25.00%
8月	8	2	25.00%	6	75.00%
9月	3	2	66.67%	1	33.33%
10月	4	3	75.00%	1	25.00%
11月	3	2	66.67%	1	33.33%
12月	1		0.00%	1	100.00%
总计	44	19	43.18%	25	56.82%

▶ 招聘费用统计表 ▏ 招聘数据统计表 ▏ Sheet2 ▏ 辅助表 ▏ 招聘计划完成率 ▏ 序列

● 图 3-23　招聘计划完成率表格效果

▶▶ **STEP 9**：按住〈Ctrl〉键分别选中 A1:A12 和 F1:F12 数据区域，在【插入】选项卡【图表】功能区【插入折线图或面积图】列表中选择【带数据标记的折线图】，见图 3-24。

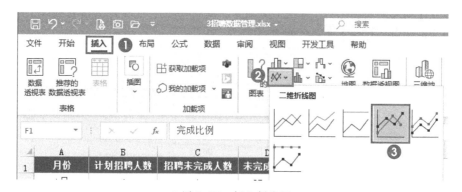

● 图 3-24　插入折线图

▶▶ **STEP 10**：鼠标单击图表，依次选择图表右上角【图表元素】-【数据标签】-【上方】，见图 3-25。

鼠标右键单击折线，在弹出的列表中选择【设置数据系列格式】，在【填充与线条】选项中勾选【平滑线】复选框，见图 3-26。

修改图表标题为"2019 年招聘计划完成率分析"，分别选中网格线和垂直坐标轴，按〈Delete〉键删除，修改折线颜色，最终效果见图 3-27。

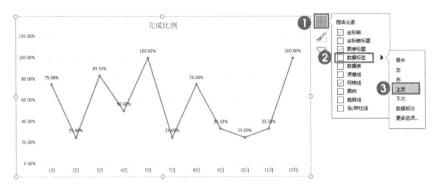

● 图 3-25　添加数据标签

● 图 3-26　设置平滑线

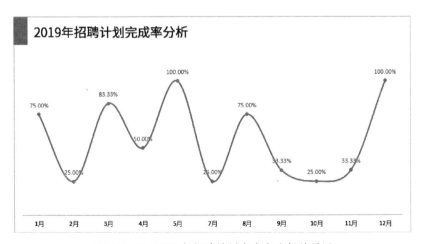

● 图 3-27　2019 年招聘计划完成率分析效果图

34 用辅助表科学精确统计平均招聘周期

平均招聘周期的计算公式为平均招聘周期 = 总招聘时间 / 总招聘人数。

它是招聘效果的一个分析指标，由于各职级的招聘周期不同，招聘难度也不同，所以公司整体平均招聘周期的借鉴意义不是很大。可以从各岗位、职级等维度来分析平均招聘周期，通过长时间的数据积累，可以越来越准确地把握各个岗位、职级的招聘完成周期，对比较难招的岗位提前做好预案。

具体操作步骤如下。

▷ **STEP 1**：继续使用统计招聘计划完成率时的"辅助表"工作表中的内容，清除 R 列和 S 列的内容，在 R1 和 S1 单元格分别输入"招聘开始时间"和"实际招聘周期"，在 R2 和 S2 单元格分别输入如下公式并向下填充公式。

=VLOOKUP(G2, 招聘需求统计表 !$A:$E,5,0)

=P2−R2

▷ **STEP 2**：插入数据透视表，将【应聘岗位】字段拖动到【行】区域，将【实际招聘周期】字段拖动到【值】区域，见图 3-28。

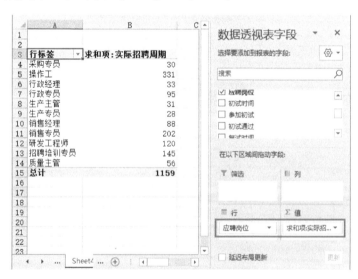

●图 3-28 拖动字段统计数据

在"平均值项：实际招聘周期"列中任意一个有数据的单元格单击鼠标右键，

在【值汇总依据】的列表中选择【平均值】，这样会统计平均招聘周期，见图3-29。

●图3-29　统计平均招聘周期

▷▷ **STEP 3**：新建一个名为"平均招聘周期"的工作表，将数据透视表中的内容复制到这个工作表中，并把各岗位的标准招聘周期从"招聘需求统计表"中引用过来，同时增加一列"总平均招聘周期"，数值为数据透视表中的"总计"项，对B列进行降序排序，美化表格后见图3-30。

	岗位	实际平均招聘周期	标准平均招聘周期	总平均招聘周期
2	行政经理	33.0	30.0	26.3
3	行政专员	31.7	30.0	26.3
4	生产主管	31.0	30.0	26.3
5	采购专员	30.0	30.0	26.3
6	生产专员	28.0	30.0	26.3
7	质量主管	28.0	30.0	26.3
8	操作工	27.6	15.0	26.3
9	销售专员	25.3	30.0	26.3
10	招聘培训专员	24.2	30.0	26.3
11	研发工程师	24.0	30.0	26.3
12	销售经理	22.0	30.0	26.3

●图3-30　美化后表格效果

▷▷ **STEP 4**：按住〈Ctrl〉键，选中 A1:B12、D1:D12 数据区域，在【插入】选项卡【图表】功能区【插入组合图】列表中选择【簇状柱形图－折线图】，见图3-31。

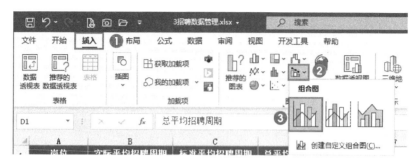

●图 3-31　插入组合图

▶▶ **STEP 5：** 单击任意一个柱形，依次选择图表右上角【图表元素】-【数据标签】-【数据标签外】，见图 3-32。

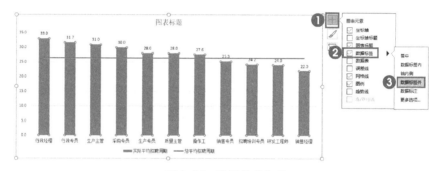

●图 3-32　设置数据标签

在折线最右端单击鼠标然后再单击（注意，此处不是双击），依次选择图表右上角【图表元素】-【数据标签】-【右】，"图表标题"修改为"2019年度平均招聘周期分析"，网格线和垂直坐标轴用〈Delete〉键删除，完成后效果见图 3-33。

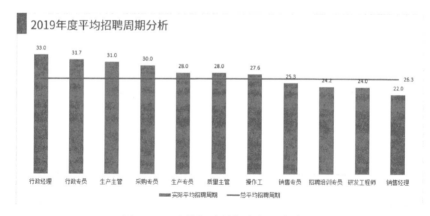

●图 3-33　平均招聘周期分析最终效果图

3.5 对招聘成本做一个全面分析

结合工作情况对招聘成本进行分析：用来分析实际支出费用与预算的对比（偏差大的情况可以吸取经验和教训，为下一步精细化预算做准备）；用来分析招聘成本各项目支出是否合理，改善不合理的情况等。结合时间、组织等维度，可分析的内容还是非常多的。

本节中以实际支出与预算的对比、招聘成本各项目分析来讲解招聘成本的分析以及两种图表的应用。

1. 招聘成本实际支出与预算对比分析

实际支出与预算的对比分析，通常使用的是温度计图，这是非常经典的一个分析图表，具体操作步骤如下。

▷ **STEP 1**：鼠标定位在"招聘费用统计表"工作表表格中任意一个单元格，在【插入】选项卡【表格】功能区单击【数据透视表】，在弹出的【创建数据透视表】对话框中直接单击【确定】按钮。将【日期】字段拖动到【行】区域，将【合计】字段拖动到【值】区域，见图3-34。

● 图 3-34　插入数据透视表

▷ **STEP 2**：新建一个名为"招聘成本分析"的工作表，将数据透视表的内容

复制到这个工作表中，将 2019 年度各月预算费用添加到表格中，表格美化后见图 3-35。

月份	预算费用	实际支出	预算完成比例
1月	15000	13675	91.2%
2月	35000	44845	128.1%
3月	31000	31070	100.2%
4月	19000	21760	114.5%
5月	9000	9550	106.1%
6月	22000	24100	109.5%
7月	10000	8930	89.3%
8月	12000	10315	86.0%
9月	41000	38070	92.9%
10月	16000	13000	81.3%
11月	77000	78325	101.7%
12月	13000	10690	82.2%
总计	300000	304330	101.4%

●图 3-35 招聘成本分析汇总表

▷ STEP 3：选中 A1:C13 数据区域，在【插入】选项卡【图表】功能区【插入组合图】列表中选择【创建自定义组合图】，见图 3-36。

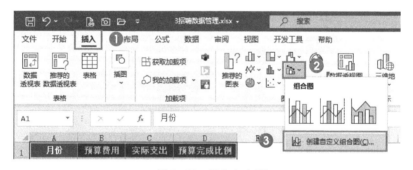

●图 3-36 插入组合图

▷ STEP 4：在弹出的【插入图表】对话框中将【预算费用】和【实际支出】两个系列的图表类型都设置为【簇状柱形图】，并勾选【预算费用】系列的【次坐标轴】复选框，见图 3-37。

▷ STEP 5：双击"预算费用"系列中的任意一个柱形，在右侧弹出的【设置数据系列格式】窗格中将【间隙宽度】设置为"80%"，见图 3-38，单击"实际支出"中的任意一个柱形图，将【间隙宽度】设置为"150%"。

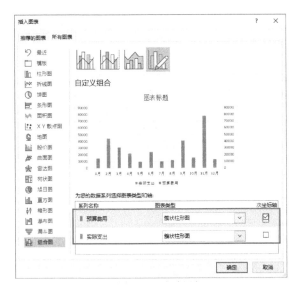

●图 3-37　设置组合图表

●图 3-38　设置间隙宽度

▶▶ **STEP 6**：将"预算费用"系列的柱形【形状填充】设置为【无填充颜色】，【形状轮廓】设置为一种颜色，然后依次选择图表右上角【图表元素】-【数据标签】-【数据标签外】，见图 3-39。

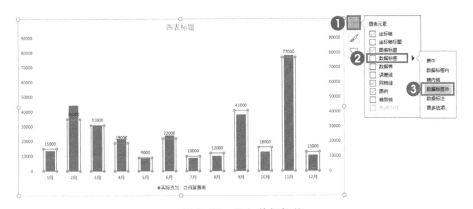

●图 3-39　添加数据标签

▶▶ **STEP 7**：单击任意一个数据标签，在右侧【设置数据标签格式】窗格中将【值】勾选取消，再勾选【单元格中的值】复选框，在弹出的【数据标签区域】对话框的文本框中选择 D2:D13 数据区域，单击【确定】按钮，见图 3-40。

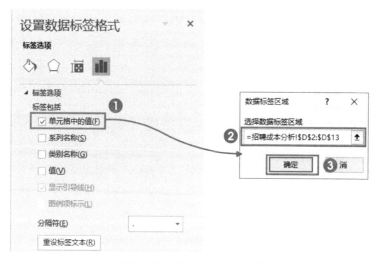

●图 3-40　设置单元格中的值

▷▷ STEP 8：修改图表标题、删除网格线，最终美化的图表见图 3-41。

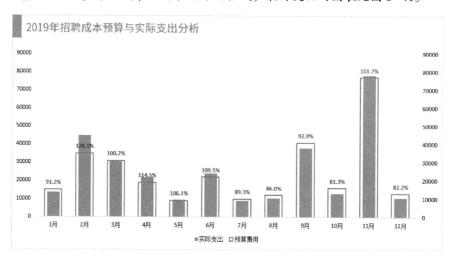

●图 3-41　招聘成本预算与实际支出分析图表

2. 招聘成本各项目分析

招聘成本各项目分析主要是分析各项目支出占比情况以及是否合理，具体操作步骤如下。

▷▷ STEP 1：在数据透视表中依次勾选【渠道服务费用】、【宣传 / 资料费用】、【差旅费】、【其他费用】四个字段，然后将自动出现在【列】区域的【数值】字段拖动到【行】区域，见图 3-42。

●图 3-42　数据透视表操作

▶ **STEP 2**：将数据透视表内容复制到"招聘成本分析"工作表中，并计算费用项目占比，见图 3-43。

	A	B	C
19	费用项目	支出	占比
20	渠道服务费用	244700	80.4%
21	差旅费	40950	13.5%
22	宣传/资料费用	12230	4.0%
23	其他费用	6450	2.1%
24	合计	304330	100.0%

●图 3-43　招聘成本各项目支出及占比

▶ **STEP 3**：选中 A19:B23 数据区域，在【插入】选项卡【图表】功能区【插入饼图或圆环图】列表中选择【饼图】，见图 3-44。

●图 3-44　插入饼图

▷▷ **STEP 4**：删除图例，添加数据标签为【最佳位置】，双击数据标签，在右侧【设置数据标签格式】窗口中勾选【百分比】、【类别名称】复选框，修改图表标题，美化图表最终效果见图3-45。

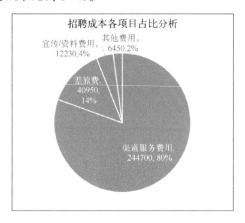

●图 3-45　招聘成本各项目占比分析

3.6　多维度分析招聘渠道效果

一般公司不会对所有招聘渠道投入同等的精力和费用，而是根据招聘渠道的效果有所侧重，对招聘渠道的效果分析也有利于 HR 选择合适的招聘渠道或者对各个招聘渠道进行组合投入，尽量保证投入与产出成正比。

招聘渠道效果分析重点在于各个招聘渠道的投入与产出比，具体操作步骤如下。

▷▷ **STEP 1**：新建一个名为"招聘渠道效果分析"的工作表，并设计表格，见图3-46。

招聘渠道	录用人数	录用占比	招聘成本	成本占比	人均招聘成本	总人均招聘成本
网络渠道1						
网络渠道2						
网络渠道3						
现场招聘						
内部推荐						
校园招聘						
猎头招聘						
委托招聘						
其他招聘						

●图 3-46　招聘渠道效果分析统计表

▷ **STEP 2**：在各单元格输入如下公式。

B2=COUNTIFS(应聘人员统计表 !F:F,A2, 应聘人员统计表 !P:P," >0 ")

C2=ROUND(B2/SUM($B$2:$B$10),3)

D2=SUMIF(招聘费用统计表 !B:B,A2, 招聘费用统计表 !G:G)

E2=ROUND(D2/SUM($D$2:$D$10),3)

F2=ROUND(D2/B2,0)

G2=ROUND(SUM($D$2:$D$10)/SUM($B$2:$B$10),0)

选中 B2:G2 数据区域，向下填充公式，完成后见图 3-47。

	A	B	C	D	E	F	G
1	招聘渠道	录用人数	录用占比	招聘成本	成本占比	人均招聘成本	总人均招聘成本
2	网络渠道1	13	14.1%	15500	5.1%	1192	3308
3	网络渠道2	8	8.7%	21050	6.9%	2631	3308
4	网络渠道3	7	7.6%	9600	3.2%	1371	3308
5	现场招聘	8	8.7%	65875	21.6%	8234	3308
6	内部推荐	4	4.3%	3900	1.3%	975	3308
7	校园招聘	4	4.3%	22405	7.4%	5601	3308
8	猎头招聘	8	8.7%	144000	47.3%	18000	3308
9	委托招聘	40	43.5%	22000	7.2%	550	3308
10	其他招聘	0	0.0%	0	0.0%	#DIV/0!	3308

●图 3-47 招聘渠道效果分析公式完成表

▷ **STEP 3**：将 A1:D10 数据区域复制到 I1 单元格，粘贴为【值】格式，并对 M 列降序排序。按住〈Ctrl〉键选中 I1:I10、K1:K10、M1:M10 数据区域，在【插入】选项卡【图表】功能区【插入组合图】列表中选择【簇状柱形图 – 折线图】，见图 3-48。

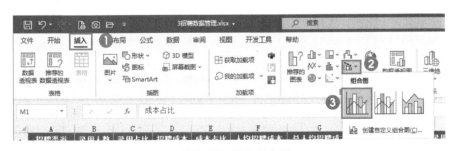

●图 3-48 插入组合图

▷ **STEP 4**：将柱形图数据标签设置为【数据标签外】，将折线图数据标签设置为【上方】，美化图表，最终效果见图 3-49。

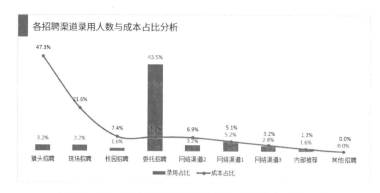

●图 3-49　各招聘渠道录用人数与成本占比分析图表

▷ **STEP 5**：按住〈Ctrl〉键将 A1:A10、F1:G10 数据区域复制到 O1 单元格，粘贴为【值】格式，将"其他招聘"对应的"人均招聘成本"错误值"#DIV/0!"修改为 0，并对 P 列降序排序。选中 O1:Q10 数据区域，在【插入】选项卡【图表】功能区【插入组合图】列表中选择【簇状柱形图－折线图】。

▷ **STEP 6**：将柱形图数据标签设置为【数据标签外】，在折线最右端单击鼠标然后再单击，依次选择图表右上角【图表元素】-【数据标签】-【右】，美化图表，最终效果见图 3-50。

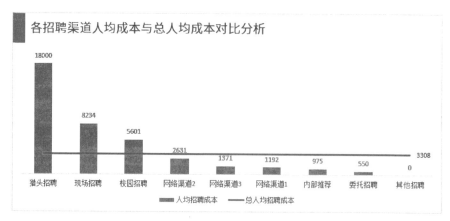

●图 3-50　各招聘渠道人均成本与总人均成本对比分析

3.7　用漏斗图分析招聘工作成效

漏斗图主要是对业务各个流程的数据进行对比，它一般用于业务流程数据有

明显变化并且有对比分析意义的场景。招聘管理中，使用招聘漏斗图可以更直观地反映招聘过程中的数据转换情况。通过分析某个流程的数据转换情况或者多个招聘漏斗图对比来发现工作中的不足，以便及时改进。

漏斗图有两种做法：一种是用 Excel 内置的漏斗图直接生成，一种是通过使用条形图来生成。下面讲解两种漏斗图的做法。

1. 直接生成漏斗图

具体操作步骤如下。

▶▶ **STEP 1**：光标定位在"招聘数据统计表"工作表表格中任意一个单元格，在【插入】选项卡【表格】功能区单击【数据透视表】，在弹出的【创建数据透视表】对话框中直接单击【确定】按钮，这样会生成一个空白数据透视表。

▶▶ **STEP 2**：从【投递简历数量】字段开始，依次勾选各个字段，一直到最后一个字段，然后将在【列】区域自动生成的【数值】字段拖动到【行】区域中，将【招聘岗位】字段拖动到【列】区域中，见图 3-51。

值	采购专员	操作工	行政经理	行政专员	生产主管	生产专员	销售经理	销售专员	研发工程师	招聘培训专员	质量主管	总计
求和项:投递简历数量	19	717	45	138	56	64	375	468	297	177	223	2579
求和项:HR初步筛选	8	257	20	46	23	23	132	182	94	57	65	907
求和项:用人部门筛选	6	186	12	35	19	22	91	150	73	39	48	681
求和项:初试人数	5	143	8	30	17	18	74	87	59	44	39	524
求和项:初试通过人数	3	79	4	19	7	14	35	38	36	25	20	280
求和项:复试人数	2	48	1	14	5	8	25	24	26	17	9	179
求和项:复试通过人数	1	33	1	10	4	6	13	14	15	12	6	115
求和项:通知入职人数	1	33	1	10	4	6	13	14	15	12	6	115
求和项:报到人数	1	12	1	3	1	1	4	8	5	6	2	44

●图 3-51　数据透视表设置

▶▶ **STEP 3**：新建一个名为"招聘漏斗分析"的工作表，将数据透视表中的内容复制到这个工作表中并美化表格，见图 3-52。

招聘流程	采购专员	操作工	行政经理	行政专员	生产主管	生产专员	销售经理	销售专员	研发工程师	招聘培训专员	质量主管	总计
投递简历数量	19	717	45	138	56	64	375	468	297	177	223	2579
HR初步筛选	8	257	20	46	23	23	132	182	94	57	65	907
用人部门筛选	6	186	12	35	19	22	91	150	73	39	48	681
初试人数	5	143	8	30	17	18	74	87	59	44	39	524
初试通过人数	3	79	4	19	7	14	35	38	36	25	20	280
复试人数	2	48	1	14	5	8	25	24	26	17	9	179
复试通过人数	1	33	1	10	4	6	13	14	15	12	6	115
通知入职人数	1	33	1	10	4	6	13	14	15	12	6	115
报到人数	1	12	1	3	1	1	4	8	5	6	2	44

●图 3-52　招聘漏斗分析数据表

●○ 小技巧

数据透视表的内容复制过去后，字段名前面都会带有"求和项:"字样，要统一删除。可以用【查找和替换】功能，按组合键〈Ctrl+H〉调出【查找和替换】对话框，在【查找内容】文本框中输入"求和项:"，在【替换为】文本框中不输入内容，单击【确定】按钮的操作来实现，见图 3-53。

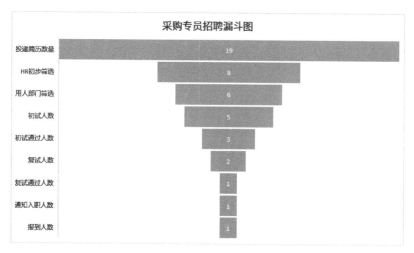

●图 3-53 查找和替换

▷ **STEP 4**：选中 A1:B10 数据区域，在【插入】选项卡【图表】功能区中选择【漏斗图】，这样漏斗图就生成了，修改图表标题，美化图表后见图 3-54。

采购专员招聘漏斗图

投递简历数量	19
HR初步筛选	8
用人部门筛选	6
初试人数	5
初试通过人数	3
复试人数	2
复试通过人数	1
通知入职人数	1
报到人数	1

●图 3-54 采购专员招聘漏斗图

2. 用条形图做漏斗图

直接生成的漏斗图，在设置各个图表元素时不灵活，或者因为版本的限制不能直接生成漏斗图，这时可以通过条形图来生成。具体操作步骤如下。

▷ **STEP 1**：在"招聘漏斗分析"的工作表中将 A1:B10 数据区域复制到 A13 单元格，并插入辅助列，在 B2 单元格输入公式 =($C$2-C2)/2，向下填充公式，完成后见图 3-55。

▷ **STEP 2**：在【插入】选项卡【图表】功能区【插入柱形图或条形图】下拉列表中选择【堆积条形图】，见图 3-56。

	A	B	C
13	招聘流程	辅助列	采购专员
14	投递简历数量	0	19
15	HR初步筛选	5.5	8
16	用人部门筛选	6.5	6
17	初试人数	7	5
18	初试通过人数	8	3
19	复试人数	8.5	2
20	复试通过人数	9	1
21	通知入职人数	9	1
22	报到人数	9	1

● 图 3-55　招聘漏斗分析数据表

● 图 3-56　插入堆积条形图

▶▶ **STEP 3**：双击图表垂直坐标轴，在右侧【设置坐标轴格式】窗格中选择勾选【逆序类别】复选框，见图 3-57。

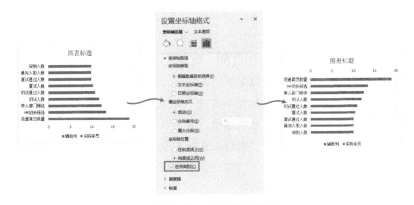

● 图 3-57　设置逆序类别

▶ STEP 4：单击任意一个条形图，将【间隙宽度】设置为"30%"，见图 3-58。

将"辅助列"系列的条形图【形状填充】设置为【无填充】，将【形状轮廓】设置为【无轮廓】，按〈Delete〉键删除图例、网格线和水平轴，添加数据标签，美化后图表见图 3-59。

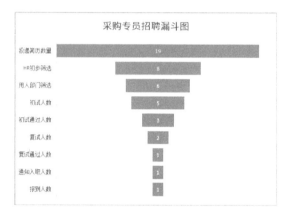

●图 3-58　设置间隙宽度　　　　　●图 3-59　采购专员招聘漏斗图

通过上述方法，可以对每个岗位、职级、周期（如周、月等）的招聘过程数据来进行分析，操作步骤一致，不再进行讲解。

3.8　用邮件合并两分钟完成百份 offer 邮件发送

候选人通过最终面试后，公司会向拟定入职人员发送 offer，确定录取事宜和报到事宜。虽然设定 offer 模板后只需要修改里面变动的内容即可，但是即使是这样，offer 比较多时也会占用 HR 不少的时间，而且还有可能出错。可以通过邮件合并实现快速发送 offer，具体操作步骤如下。

▶ STEP 1：新建 Word 文档并命名为"录用通知书"，设定 offer 内容，把 offer 模板中需要变动的部分用下画线标出，见图 3-60。

▶ STEP 2：新建一个名为"录用人员信息表"的工作表，设计表格并输入录用人员信息，见图 3-61。

录用通知书

尊敬的＿＿＿＿＿＿＿：

您好！非常荣幸的通知您，您已通过公司招聘各环节的考察，即将被公司正式聘用。

您入职的详细情况如下：

1．您入职后的部门为：＿＿＿＿＿＿＿，岗位为：＿＿＿＿＿＿＿。

2．您的试用期为＿＿＿个月。

3．您的试用期薪酬为：＿＿＿＿＿＿＿＿＿，转正后薪酬为：＿＿＿＿＿＿＿＿＿。

4．您报到时请携带身份证原件、毕业证原件、县级以上医院或专业体检机构的体检证明、一寸照片 3 张、与原单位解除劳动关系的证明，按照公司的招聘管理制度，我们将对您的工作经历及相关证件进行核实，如有不符，公司将取消您的入职资格。

具体报到时间为：＿＿＿＿＿＿＿＿＿。

报到地点：河北省石家庄市 XX 区 XX 路 XX 号。

联系电话：0311-88XXXXXX

如果您对此工作或者本通知书内容有任何疑问，可以随时与我们联系。若您在规定日期未报到的，公司将取消您的入职资格。

热烈欢迎您的加盟，并祝您在未来的事业发展中取得成功！

XX 公司人力资源部

XXXX 年 XX 月 XX 日

● 图 3-60　offer 模板

	A	B	C	D	E	F	G	H	I
1	姓名	称呼	部门	岗位	试用期	试用薪酬	转正薪酬	报到日期	邮箱
2	张三	女士	销售管理部	销售经理	3	RMB8000元	RMB10000元	2019-11-1	windyqt@163.com
3	李四	先生	研发部	研发工程师	3	RMB10000元	RMB12000元	2019-11-5	qitao@qq.vip.com
4	王五	先生	生产技术部	生产专员	3	RMB5000元	RMB6000元	2019-11-11	qitao@163.com
5									

招聘成本分析　招聘渠道效果分析　招聘漏斗分析　录用人员信息表　序列

● 图 3-61　录用人员信息表

▶▶ **STEP 3**：在【邮件】选项卡【开始邮件合并】功能区单击【选择收件人】下拉列表，选择【使用现有列表】，见图 3-62，在弹出的【选取数据源】对话框中选择"招聘数据管理"工作簿，单击【打开】按钮。

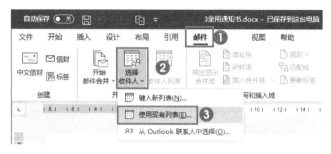

●图 3-62 使用现有列表

然后在弹出的【选择表格】对话框中选择"录用人员信息表",单击【确定】
按钮,见图 3-63。

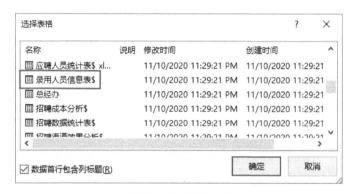

●图 3-63 选取表格

▶ **STEP 4**:光标定位在第一个空格内容,在【邮件】选项卡【编写和插入域】
功能区单击【插入合并域】下拉列表,分别选择【姓名】和【称呼】两项内容,见
图 3-64。

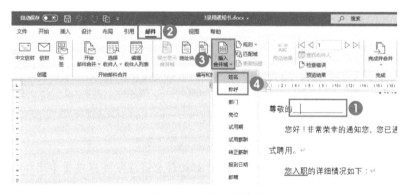

●图 3-64 插入合并域

依次在"录用通知书"需要填充内容的区域插入相对应的内容，完成后见图 3-65。

录用通知书

尊敬的 «姓名»«称呼»：

您好！非常荣幸的通知您，您已通过公司招聘各环节的考察，即将被公司正式聘用。

您入职的详细情况如下：

1．您入职后的部门为：«部门»，岗位为：«岗位»。

2．您的试用期为«试用期»个月。

3．您的试用期薪酬为：«试用薪酬»，转正后薪酬为：«转正薪酬»。

4．您报到时请携带身份证原件、毕业证原件、县级以上医院或专业体检机构的体检证明、一寸照片 3 张、与原单位解除劳动关系的证明，按照公司的招聘管理制度，我们将对您的工作经历及相关证件进行核实，如有不符，公司将取消您的入职资格。

具体报到时间为：«报到日期»。

报到地点：河北省石家庄市 XX 区 XX 路 XX 号。

联系电话：0311-88XXXXXX

如果您对此工作或者本通知书内容有任何疑问，可以随时与我们联系。若您在规定日期未报到的，公司将取消您的入职资格。

热烈欢迎您的加盟，并祝您在未来的事业发展中取得成功！

XX 公司人力资源部

XXXX 年 XX 月 XX 日

● 图 3-65　插入合并域完成效果图

在【邮件】选项卡【预览结果】功能区单击【预览结果】，可以看到完成后的录用通知书样式，单击【预览结果】右侧的向左或向右的箭头，会预览几个人的录用通知书效果，见图 3-66。

▷▷ STEP 5：前述步骤完成后并不代表最终完成，可以看"具体报到时间"一项显示的格式为"M/D/YYYY"格式，如果要改成"YYYY 年 M 月 D 日"的格式，需要更改一下域代码。在显示的日期上面右键单击，选择【切换域代码】，然后会显示"｛MERGEFIELD 报到日期｝"，把域代码修改为"｛MERGEFIELD 报到日期 \@YYYY 年 M 月 D 日｝"，再右键单击，选择【更新域】，即可修改日期格式，见图 3-67。

●图 3-66　预览效果

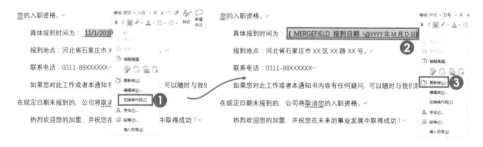

●图 3-67　修改日期格式

完成邮件合并操作后，可以打印某一个文档，或者打印所有文档，或者给所有录用人员发送电子邮件，见图 3-68。

●图 3-68　邮件合并完成后操作

CHAPTER

4

考勤管理——
标准自动化的考勤处理

考勤管理是绝大多数公司都会涉及的一项工作。因为考勤种类多、考勤要求不一、考勤统计方法各异、考勤管理软件各式各样，导致各公司考勤管理难度不一，有的公司因为太复杂而难以形成一套行之有效的考勤管理方法。本章从考勤表设计、打卡数据统计、年休假统计、请休假和加班的快速统计方面来讲解通用考勤处理方法。

4.1 自动更新的考勤表设计

用考勤表统计考勤是考勤统计的一种方式，这种方式又分为两种：一种是纸质考勤表统计，另外一种是电子考勤表统计。电子考勤表设计要考虑使用方便、可以快速统计数据、可以快速导入工资表中核算工资等因素。可以设计一个自动更新的考勤表，具体操作步骤如下。

▷ **STEP 1：** 新建一个名为"考勤管理"的工作簿，工作簿中一个工作表命名为"考勤表"，再新建一个名为"序列"的工作表，将公司考勤类型、考勤符号输入进去，同时输入年份和月份，见图4-1。

▷ **STEP 2：** 在"考勤表"工作表中的A1、B1、C1单元格分别输入"序号、姓名、部门"，在D1单元格输入"1"，然后按〈Esc〉键取消输入状态，在【开始】选项卡【编辑】功能区【填充】下拉列表中选择【序列】，在弹出的【序列】对话框中的【步长值】输入"1"，在【终止值】输入"43"，单击【确定】按钮，见图4-2。

● 图 4-1 序列表内容

● 图 4-2 填充序列

▶ **STEP 3**：选中 D 列，然后按组合键〈Ctrl+Shift+ →〉，这样会选中 D:AT 各列，鼠标任意两列列标中间，指针变为黑色十字后双击，这样会设置最合适列宽，见图 4-3。

●图 4-3　设置最合适列宽后效果

▶ **STEP 4**：将 AI1:AT1 数据区域范围修改为考勤符号内容，在第 1 行前面再插入三个空行，输入内容，见图 4-4。

●图 4-4　操作表格后样式

▶ **STEP 5**：选中 B2 单元格，单击【数据】选项卡【数据工具】功能区【数据验证】按钮，这样会弹出【数据验证】对话框。在【允许】下拉列表中选择【序列】，鼠标光标定位在【来源】文本框，然后鼠标单击"序列"工作表，选择 E2:E6 数据区域，见图 4-5。

这样 B2 会出现一个下拉菜单，选择"2020"，同样操作在 B3 单元格设置月份的下拉菜单，选择"1"。

选中 D6:AH24 数据区域，同样操作设置考勤符号下拉菜单。

▶ **STEP 6**：在 A1 单元格输入如下公式，并合并 A1:AT1 数据区域。

●图 4-5　数据验证设置

=B2&" 年 "&B3&" 月考勤表 "

在 E4 单元格输入如下公式，并向右拖动到 AH4 单元格。

=IF(D4>=DAY(DATE($B$2,$B$3+1,0)),"",D4+1)

在 D5 单元格输入如下公式，并向右拖动到 AH5 单元格。

=IF(D4<>"",WEEKDAY(DATE($B$2,$B$3,D4),2),"")

在 AJ6 单元格输入如下公式，并向右拖动到 AS6 单元格，向下拖动到 AS24 单元格。

=COUNTIF($D6:$AH6,AJ$4)

在 AT6 单元格输入如下公式，并向下拖动到 AT24单元格。

=AI6-SUM(AJ6:AP6)

▷ **STEP 7**： 将 A4:C4 内容复制到 A5:C5，将 AI4:AT4 数据内容复制到 AI5:AT5。选择任意上下两个单元格合并单元格，如将 C2:C3 数据区域合并，见图 4-6。

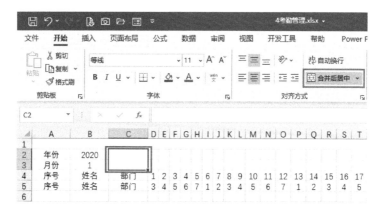

●图 4-6　合并单元格

双击【格式刷】，分别刷 A4:C5 和 AI4:AT5 数据区域，然后取消 C2:C3 区域的合并，操作完成后见图 4-7。

●图 4-7　考勤表待完成样式

▷ **STEP 8**： 选中 A4:AT24 数据区域，在【开始】选项卡【样式】功能区【条件格式】下拉列表中选择【新建规则】，见图 4-8。

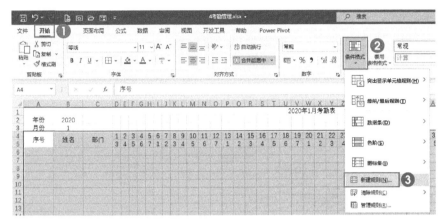

●图 4-8　设置条件格式

在弹出的【编辑格式规则】对话框中选择【使用公式确定要设置格式的单元格】，在【为符合此公式的值设置格式】文本框中输入如下公式，并单击【格式】按钮，见图 4-9。

=AND($A4<>"",ISNUMBER(A$5),A$5>5)

在弹出的【设置单元格格式】对话框中选择合适的背景色，并单击【确定】按钮，见图 4-10。

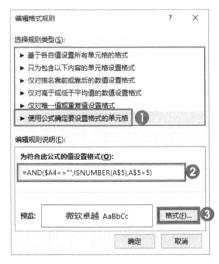

●图 4-9　设置条件格式公式

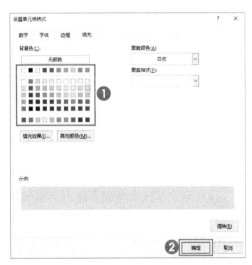

●图 4-10　设置背景色

同样操作,设置 A4:AT24 数据区域的边框,公式如下,见图 4-11。
=AND(A$4<>"",$A4<>"")

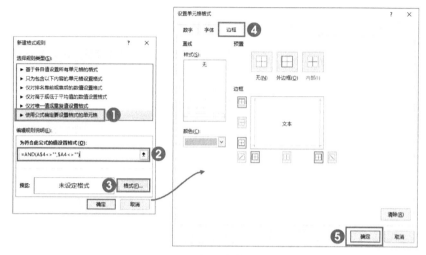

●图 4-11　条件格式边框设置

设置完成后,输入数据,效果见图 4-12。

●图 4-12　考勤表初步效果图

这样会发现这个考勤表还有个小问题没有处理,就是法定节假日没有标注,而且本身属于正常上班的日期却标注成了周末,这是需要手动调整的。将 D5:F5 三个单元格输入"6"或"7",将 G5 和 H5 单元格输入调休的两天属于星期几,这里输入"4"和"5",完成后最终效果见图 4-13。

●图 4-13　考勤表最终效果

每月考勤表操作如下。

① 考勤表建好后，每月将上月考勤表复制一份，在下拉菜单中选择"年份"和"月份"。

② 将 D5:AH5 数据区域因为法定节假日手动修改的部分改回公式。

③ 增减考勤人员。

④ 清空考勤统计区域，输入考勤符号。

专家解析

① 使用公式设置条件格式，公式结果需要返回 TRUE 或 FALSE 的结果，当结果为 TRUE 时，设置的条件格式生效，当结果为 FALSE 时，设置的条件格式不生效。

② IF(D4>=DAY(DATE($B$2,$B$3+1,0)),"",D4+1) 解析。

DATE 函数的语法为 DATE(年,月,日)，当 DATE 函数第三个参数为 0 时，返回上个月的最后一天，DATE($B$2,$B$3+1,0) 的结果为"2020-1-31"。DAY(DATE($B$2,$B$3+1,0)) 用来提取 DATE 函数返回的某月最后一天是 28、29、30 还是 31。

这个公式向右拖动时，用 IF 来判断前面单元格的结果是不是大于等于当月最后 1 天，如果是，返回结果为空，如果不是，在前面单元格的值基础上加 1。

③ IF(D4<>"",WEEKDAY(DATE($B$2,$B$3,D4),2),"") 解析。

WEEKDAY 函数是返回星期的序列号,如用1代表星期一,用2代表星期二……,它的语法为 WEEKDAY(日期,2),第2个参数有多个选项,使用2是符合国人习惯的。

DATE($B$2,$B$3,D4) 是将 B2、B3、D4 三个数值组合成新日期,WEEKDAY(DATE($B$2,$B$3,D4),2) 是返回新日期的星期序列号。整个公式是来判断 D4 单元格是不是空值,如果不是,则计算 D4 单元格的日期所对应的星期,否则返回空值。

④ AND($A4<>"",ISNUMBER(A5),A5>5) 解析。

ISNUMBER 是判断数据是否是数值型数据,如果是,则返回 TRUE,否则返回 FALSE。

这个公式用来判断 A4 单元格是否有数据、A5 单元格是否为数值型数据且大于 5,如果同时满足则返回 TRUE,否则返回 FALSE。

这个公式放在条件格式中,它的运作原理可以这样理解：将公式输入到 A4 单元格中,然后向右和向下拖动,填充到 A4:AT24 区域,如果有单元格返回 TRUE,则填充设置的颜色,如果返回 FALSE 则不填充颜色。

⑤ AND(A$4<>"",$A4<>"") 解析。

这个用来设置 A4:AT24 区域数据区域条件格式,公式设置的目的是要保证 A4：A24 数据区域有数据（即有员工数据）且 A4:AT4 各单元格不为空的情况下增加边框。

4.2 考勤机数据中多次打卡如何处理成标准格式

通过考勤机或考勤软件进行打卡的公司,打卡数据可以直接是打卡时间,或者经过软件处理后生成设定的格式。如果公司考勤情况特殊或者有的考勤机、考勤软件并不能处理成符合公司规范的考勤数据,那么就需要 HR 将原始打卡数据处理成想要的格式。

将考勤机数据处理成标准格式,主要包含以下几点。

- 除了必备信息外,考勤数据表中的多余数据要删除。
- 修改数据格式,从系统中导出来的数据、数字、日期、时间等是文本型数值,也就是文本数据,它们并不是数值型数据,可以通过【分列】功能转换为数值型数据。

● 日期和时间要分开存放，多次打卡时间要分开存放。
● 一天多次打卡的要根据公司考勤要求处理成两次打卡数据，并且横向排列
打卡数据（按列排布打卡数据）。

标准的考勤数据格式见图 4-14。

	A	B	C	D	E
1	部门	姓名	日期	最早	最晚
2	生产部	刘伟	2020-1-4	8:14:05	17:33:26
3	生产部	刘伟	2020-1-5	7:56:43	17:32:00
4	生产部	刘伟	2020-1-6	8:08:24	17:35:24
5	生产部	刘伟	2020-1-7	8:17:55	17:35:55
6	生产部	刘伟	2020-1-8	8:14:49	
7	生产部	刘伟	2020-1-9	8:25:41	17:29:45
8	生产部	刘伟	2020-1-10	8:22:25	17:40:13
9	生产部	刘伟	2020-1-13	8:09:47	17:33:16
10	生产部	刘伟	2020-1-14	8:06:32	17:35:37
11	生产部	刘伟	2020-1-15	8:14:36	17:35:29
12	生产部	刘伟	2020-1-16	8:11:46	17:32:45
13	生产部	刘伟	2020-1-17	8:06:15	17:33:37
14	生产部	刘伟	2020-1-20	8:14:09	17:32:20
15	生产部	刘伟	2020-1-21	8:00:08	17:33:22
16	生产部	刘伟	2020-1-22	8:05:00	17:35:06
17	生产部	刘伟	2020-1-23	8:11:32	17:34:01
18	生产部	刘伟	2020-1-24	8:03:44	17:33:19
19	生产部	刘伟	2020-1-27	8:21:48	17:31:47
20	生产部	刘伟	2020-1-28	8:11:54	17:59:32
21	生产部	刘伟	2020-1-29	8:54:59	17:33:43
22	生产部	刘伟	2020-1-30	8:26:59	17:32:29
23	生产部	刘伟	2020-1-31	8:11:54	17:59:32

●图 4-14　考勤数据标准格式

●○ 小技巧：

　　从系统中导出来的数据，可以通过【分列】功能转换数据。选中其中一列
或数据区域范围，在【数据】选项卡【数据工具】功能区单击【分列】，在弹
出的【文本分列向导】对话框中直接单击【确定】按钮即可。

　　一天两次打卡的考勤数据，有各种各样的形式，基本处理思路是先将日期和
各打卡时间分开存放，然后处理成横向的数据，再处理成标准格式。

1．一天多次打卡的横向打卡数据处理

见图 4-15，将这种格式的打卡数据处理成标准格式，具体操作步骤如下。

	A	B	C	D	E	F	G	H
1	姓名	部门	刷卡日期	1	2	3	4	5
2	李伟	行政部	2020-1-4	6:34:21	7:02:42	7:52:33	12:00:47	18:08:25
3	李伟	行政部	2020-1-5	6:35:21	8:11:06	17:00:10		
4	李伟	行政部	2020-1-6	7:07:51	8:16:17	17:01:15		
5	李伟	行政部	2020-1-7	7:24:37	8:00:10	17:02:14		
6	李伟	行政部	2020-1-8	7:50:32	8:29:52	17:08:32		
7	李伟	行政部	2020-1-9	6:39:27	8:01:02	17:20:45	20:50:02	21:38:36
8	李伟	行政部	2020-1-10	8:27:21	17:13:34	18:02:48		
9	李伟	行政部	2020-1-13	8:32:49	17:13:25	18:07:29		
10	李伟	行政部	2020-1-14	8:05:42	17:13:28	18:07:44		
11	李伟	行政部	2020-1-15	17:08:12	18:07:44	18:08:25	20:50:02	
12	李伟	行政部	2020-1-16	8:24:54	17:05:05	19:33:27		
13	李伟	行政部	2020-1-17	8:30:30	18:15:18	20:50:02		
14	李伟	行政部	2020-1-20	8:13:38	18:14:21	21:38:36		
15	李伟	行政部	2020-1-21	7:47:57	16:59:02			
16	李伟	行政部	2020-1-22	8:28:28	17:33:10	18:05:56		
17	李伟	行政部	2020-1-23	7:50:20	17:00:02			
18	李伟	行政部	2020-1-24	8:29:47	18:14:17	21:38:33		
19	李伟	行政部	2020-1-27	8:08:23	17:00:02			
20	李伟	行政部	2020-1-28	8:22:45	17:00:03			
21	李伟	行政部	2020-1-29	7:30:51	17:00:03	17:08:32		
22	李伟	行政部	2020-1-30	7:50:47	17:00:03			
23	李伟	行政部	2020-1-31	7:45:59	17:00:02			

●图 4-15　一天多次打卡的横向打卡数据

▶ **STEP 1**：用【分列】功能分别对 C、D、E、F、G、H 列进行分列操作。

▶ **STEP 2**：在 I1、J1 单元格分别输入"上班打卡"和"下班打卡"，在 I2 单元格输入如下公式，并向下填充。

=IF(MIN(D2:H2)<10/24,MIN(D2:H2),"")

在 J2 单元格输入如下公式，并向下填充。

=IF(MAX(E2:I2)>14/24,MAX(E2:I2),"")

完成后效果见图 4-16，如果原始数据不需要，可以把原始数据删除，注意要把 I 列和 J 列粘贴为数值格式。

2．多次打卡数据在一个单元格中

见图 4-17，多个打卡时间放在了一个单元格中，要处理成标准格式，具体操作步骤如下。

	A	B	C	D	E	F	G	H	I	J
1	姓名	部门	刷卡日期	1	2	3	4	5	上班打卡	下班打卡
2	李伟	行政部	2020-1-4	6:34:21	7:02:42	7:52:33	12:00:47	18:08:25	6:34:21	18:08:25
3	李伟	行政部	2020-1-5	6:35:21	8:11:06	17:00:10			6:35:21	17:00:10
4	李伟	行政部	2020-1-6	7:07:51	8:16:17	17:01:15			7:07:51	17:01:15
5	李伟	行政部	2020-1-7	7:24:37	8:00:10	17:02:14			7:24:37	17:02:14
6	李伟	行政部	2020-1-8	7:50:32	8:29:52	17:08:32			7:50:32	17:08:32
7	李伟	行政部	2020-1-9	6:39:27	8:01:02	17:20:45	20:50:02	21:38:36	6:39:27	21:38:36
8	李伟	行政部	2020-1-10	8:27:21	17:13:34	18:02:48			8:27:21	18:02:48
9	李伟	行政部	2020-1-13	8:32:49	17:13:25	18:07:29			8:32:49	18:07:29
10	李伟	行政部	2020-1-14	8:05:42	17:13:28	18:07:44			8:05:42	18:07:44
11	李伟	行政部	2020-1-15	17:08:12	18:07:44	18:09:25	20:50:02			20:50:02
12	李伟	行政部	2020-1-16	8:24:54	17:05:05	19:33:27			8:24:54	19:33:27
13	李伟	行政部	2020-1-17	8:30:30	18:15:18	20:50:02			8:30:30	20:50:02
14	李伟	行政部	2020-1-20	8:13:38	18:14:21	21:38:36			8:13:38	21:38:36
15	李伟	行政部	2020-1-21	7:47:57	16:59:02				7:47:57	16:59:02
16	李伟	行政部	2020-1-22	8:28:28	17:33:10	18:05:56			8:28:28	18:05:56
17	李伟	行政部	2020-1-23	7:50:20	17:00:02				7:50:20	17:00:02
18	李伟	行政部	2020-1-24	8:29:47	18:14:17	21:38:33			8:29:47	21:38:33
19	李伟	行政部	2020-1-27	8:08:23	17:00:00				8:08:23	17:00:00
20	李伟	行政部	2020-1-28	8:22:45	17:00:03				8:22:45	17:00:03
21	李伟	行政部	2020-1-29	7:30:51	17:00:03	17:08:32			7:30:51	17:08:32
22	李伟	行政部	2020-1-30	7:50:47	17:00:03				7:50:47	17:00:03
23	李伟	行政部	2020-1-31	7:46:59	17:00:02				7:46:59	17:00:02

	A	B	C	D
1	姓名	部门	刷卡日期	刷卡时间
2	李伟	行政部	2020-1-4	6:34,7:02,7:52,12:00,18:08
3	李伟	行政部	2020-1-5	6:35,8:11,17:00
4	李伟	行政部	2020-1-6	7:07,8:16,17:01
5	李伟	行政部	2020-1-7	7:24,8:00,17:02
6	李伟	行政部	2020-1-8	7:50,8:29,17:08
7	李伟	行政部	2020-1-9	6:39,8:01,17:20,20:50,21:38
8	李伟	行政部	2020-1-10	8:27,17:13,18:02
9	李伟	行政部	2020-1-13	8:32,17:13,18:07
10	李伟	行政部	2020-1-14	8:05,17:13,18:07
11	李伟	行政部	2020-1-15	17:08,18:07,18:08,20:50
12	李伟	行政部	2020-1-16	8:24,17:05,19:33
13	李伟	行政部	2020-1-17	8:30,18:15,20:50
14	李伟	行政部	2020-1-20	8:13,18:14,21:38
15	李伟	行政部	2020-1-21	7:47,16:59
16	李伟	行政部	2020-1-22	8:28,17:33,18:05
17	李伟	行政部	2020-1-23	7:50,17:00
18	李伟	行政部	2020-1-24	8:29,18:14,21:38
19	李伟	行政部	2020-1-27	8:08,17:00
20	李伟	行政部	2020-1-28	8:22,17:00
21	李伟	行政部	2020-1-29	7:30,17:00,17:08
22	李伟	行政部	2020-1-30	7:50,17:00
23	李伟	行政部	2020-1-31	7:45,17:00

●图 4-16　一天多次打卡的横向打卡数据处理　●图 4-17　多次打卡数据在一个单元格中

▷ **STEP 1**：对 C 列进行分列操作，然后选中 D 列，同样操作调出【文本分列向导】对话框，选择【分隔符号】，单击【下一步】按钮，见图 4-18。

▷ **STEP 2**：勾选【分号】复选框，在【数据预览】文本框中可以看到操作后的效果，然后单击【完成】按钮，见图 4-19。

●图 4-18　文本分列向导第 1 步　　●图 4-19　文本分列向导第 2 步

完成后效果见图 4-20，然后再编辑公式得出上班打卡和下班打卡的时间，这个在前面有介绍，不再重复。

	A	B	C	D	E	F	G	H
1	姓名	部门	刷卡日期	刷卡时间				
2	李伟	行政部	2020-1-4	6:34	7:02	7:52	12:00	18:08
3	李伟	行政部	2020-1-5	6:35	8:11	17:00		
4	李伟	行政部	2020-1-6	7:07	8:16	17:01		
5	李伟	行政部	2020-1-7	7:00	8:00	17:02		
6	李伟	行政部	2020-1-8	7:50	8:29	17:08		
7	李伟	行政部	2020-1-9	6:39	8:01	17:20	20:50	21:38
8	李伟	行政部	2020-1-10	8:27	17:13	18:02		
9	李伟	行政部	2020-1-13	8:32	17:13	18:07		
10	李伟	行政部	2020-1-14	8:05	17:13	18:07		
11	李伟	行政部	2020-1-15	17:08	18:07	18:08	20:50	
12	李伟	行政部	2020-1-16	8:24	17:05	19:33		
13	李伟	行政部	2020-1-17	8:30	18:15	20:50		
14	李伟	行政部	2020-1-20	8:13	18:14	21:38		
15	李伟	行政部	2020-1-21	7:47	16:59			
16	李伟	行政部	2020-1-22	8:28	17:33	18:05		
17	李伟	行政部	2020-1-23	7:50	17:00			
18	李伟	行政部	2020-1-24	8:29	18:14	21:38		
19	李伟	行政部	2020-1-27	8:08	17:00			
20	李伟	行政部	2020-1-28	8:22	17:00			
21	李伟	行政部	2020-1-29	7:30	17:00	17:08		
22	李伟	行政部	2020-1-30	7:50	17:00			
23	李伟	行政部	2020-1-31	7:45	17:00			

● 图 4-20　分列后效果

3．纵排一天两次打卡处理

除了打卡数据横排的，还有打卡数据纵排的情况，见图 4-21，打卡数据系统处理成了一天两次，但是纵向排列时需要改成标准格式，具体操作步骤如下。

▷▷ **STEP 1**：在 E1 和 F1 单元格分别输入"下班打卡"和"辅助列"，在 E2 单元格输入如下公式，并向下填充。

=IF(C2=C3,D3,"")

在 F2 单元格输入如下公式并向下填充。

=IF(C2<>C1,1,"")

▷▷ **STEP 2**：将 E 列和 F 列复制并粘贴为【值】格式，右键单击 F 列任意一个有 1 的单元格，在【筛选】列表中选择【按所选单元格的值筛选】，见图 4-22。

▷▷ **STEP 3**：将筛选的内容复制到一份新的工作表中，美化后效果见图 4-23。

4．日期和时间在一个单元格的纵排一天两次打卡处理

见图 4-24，考勤系统已经将多次打卡处理成一天两次打卡数据的格式，但是日期和时间在一个单元格中。

这种情况只需要把日期和时间分开，然后按前面的操作步骤操作即可，用【分列】功能，【分隔符号】选择【空格】，见图 4-25。

●图 4-21　纵排一天两次打卡处理　　　　　●图 4-22　筛选内容

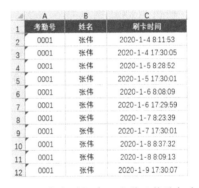

●图 4-23　考勤处理后最终效果　　　　●图 4-24　日期和时间在一个单元格的打卡数据

●图 4-25　分列功能将日期和时间分开

专家解析

IF(MIN(D2:H2)<10/24,MIN(D2:H2),"") 解析。

MIN(D2:H2) 用来判断 D2:H2 数据区域中最小的数值,即最早的时间。整个公式用来判断 MIN(D2:H2) 最早时间是不是小于 10 点,如果小于,返回 MIN(D2:H2) 的最小值,否则返回空。

4.3 考勤机数据中迟到早退统计方法

考勤机数据处理成标准格式是为后面的考勤数据处理做准备,包括迟到早退的处理。例如某公司 8:30 上班,17:30 下班,晚于上班时间打卡和早于下班时间打卡,分别记为迟到和早退。具体操作方法如下。

▶ **STEP 1**: 在 F1 和 G1 单元格分别输入"迟到"和"早退",在 F2 单元格输入如下公式并向下填充。

=IF(D2="",0,IF(D2>8.5/24,1,0))

在 G2 单元格输入如下公式并向下填充。

=IF(E2="",0,IF(E2<17.5/24,1,0))

完成后效果见图 4-26。

	A	B	C	D	E	F	G
1	部门	姓名	日期	最早	最晚	迟到	早退
2	生产部	刘伟	2020-1-4	8:14:05	17:33:26	0	0
3	生产部	刘伟	2020-1-5	7:56:43	17:32:00	0	0
4	生产部	刘伟	2020-1-6	8:08:24	17:35:24	0	0
5	生产部	刘伟	2020-1-7	8:17:55	17:35:55	0	0
6	生产部	刘伟	2020-1-8	8:14:49		0	0
7	生产部	刘伟	2020-1-9	8:25:41	17:29:45	0	1
8	生产部	刘伟	2020-1-10	8:22:25	17:40:13	0	0
9	生产部	刘伟	2020-1-13	8:09:47	17:33:16	0	0
10	生产部	刘伟	2020-1-14	8:06:32	17:35:37	0	0
11	生产部	刘伟	2020-1-15	8:14:36	17:35:29	0	0
12	生产部	刘伟	2020-1-16	8:11:46	17:32:45	0	0
13	生产部	刘伟	2020-1-17	8:06:15	17:33:37	0	0
14	生产部	刘伟	2020-1-20	8:14:09	17:32:20	0	0
15	生产部	刘伟	2020-1-21	8:00:08	17:33:22	0	0
16	生产部	刘伟	2020-1-22	8:05:00	17:35:06	0	0
17	生产部	刘伟	2020-1-23	8:11:32	17:34:01	0	0
18	生产部	刘伟	2020-1-24	8:03:44	17:33:19	0	0
19	生产部	刘伟	2020-1-27	8:21:48	17:31:22	0	0
20	生产部	刘伟	2020-1-28	8:11:54	17:59:32	0	0
21	生产部	刘伟	2020-1-29	8:54:59	17:33:43	1	0
22	生产部	刘伟	2020-1-30	8:26:59	17:32:29	0	0
23	生产部	刘伟	2020-1-31	8:11:54	17:59:32	0	0

●图 4-26 输入迟到早退公式后效果

▶ **STEP 2**：鼠标定位在任意一个有数据的单元格，在【插入】选项卡【表格】区域单击【数据透视表】，见图 4-27，在弹出的【创建数据透视表】对话框中直接单击【确定】按钮。

● 图 4-27　创建数据透视表

▶ **STEP 3**：将【姓名】、【部门】两个字段拖动到【行】区域，将【迟到】、【早退】两个字段拖动到【值】区域，见图 4-28。

● 图 4-28　数据透视表统计数据

▶ **STEP 4**：鼠标定位在数据透视表中任意一个单元格，在【设计】选项卡【布局】功能区【报表布局】下拉列表中选择【以表格形式显示】，见图 4-29。

完成后效果见图 4-30。

如果不需要汇总项，可以在【分类汇总】下拉列表中选择【不显示分类汇总】，见图 4-31。

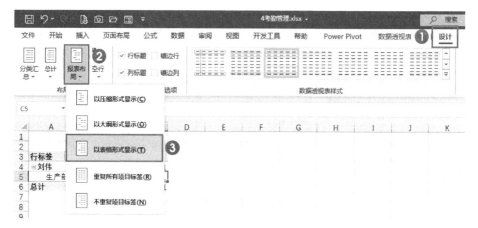

●图 4-29　数据透视表布局设置

●图 4-30　迟到早退统计后效果

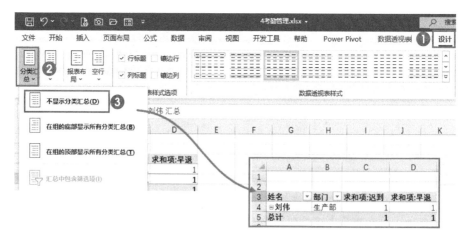

●图 4-31　不显示分类汇总效果

IF(D2="",0,IF(D2>8.5/24,1,0)) 解析。

这个公式用来判断如果 D2 单元格为空（即未打卡的情况），则返回 0；D2 单元格大于 8:30 时，返回 1，否则返回 0。

8:30 的表示方法可以用 8.5/24，22 点的表示方法为 22/24，依次类推。

4.4 迟到早退分段如何快速统计

有些公司的迟到早退不是按次数统计的，是按迟到或早退的时间段来统计的，假定迟到 5 分钟以内不计迟到，迟到 10 分钟以内计为 1 次，迟到 10 ~ 20 分钟计为 2 次，迟到 20 分钟及以上计为 3 次；早退 10 分钟以内计为 1 次，早退 10 ~ 20 分钟计为 2 次，早退 20 分钟及以上计为 3 次，这种分段统计的操作步骤如下。

▶ **STEP 1：** 在 F2 单元格输入如下公式并向下填充。

=IF(D2="",0,IF((D2-8.5/24)*24*60<5,0,IF((D2-8.5/24)*24*60<10,1, IF((D2-8.5/24)*24*60<20,2,3))))

在 G2 单元格输入如下公式并向下填充。

=IF(E2="",0,IF((17.5/24-E2)*24*60<0,0,IF((17.5/24-E2)*24*60<10,1, IF((17.5/24-E2)*24*60<20,2,3))))

▶ **STEP 2：** 数据透视表统计迟到和早退的次数，前面有操作，不再重复，最终结果见图 4-32。

● 图 4-32 迟到早退统计最终效果

IF(D2="",0,IF((D2-8.5/24)*24*60<5,0,IF((D2-8.5/24)*24*60<10,1, IF((D2-8.5/24)*24*60<20,2,3)))) 解析。

(D2-8.5/24)*24*60 计算打卡时间和 8:30 的分钟差，两个时间相减乘以 24 是求相差的小时数，再乘以 60 是求相差的分钟数，这个公式作为 IF 的第一个参数。整个公式判断当 D2 为空时，即未打卡；返回 0，当迟到 5 分钟以内，返回 0；当迟到 5 ~ 10 分钟时，返回 1；当迟到 10 ~ 20 分钟时，返回 2；迟到 20 分钟以上时，返回 3。

4.5 年休假的计算公式并不简单

《职工带薪年休假条例》和《企业职工带薪年休假实施办法》对年休假的各种情况做出了具体规定，对于休假天数的规定："累计工作已满 1 年不满 10 年的，年休假 5 天；已满 10 年不满 20 年的，年休假 10 天；已满 20 年的，年休假 15 天。"

这样来看，年休假天数并不难计算，但是涉及当年内满 1 年、10 年和 20 年的情况，需要分段计算才可以。例如：某员工 2019 年 7 月 1 日参加工作，到 2020 年 7 月 1 日工作满一年，2020 年享受年休假并非是 5 天，而应该是按比例折算，2020 年 1 月 1 日至 6 月 30 日不享受年休假，2020 年 7 月 1 日至 12 月 31 日日历天数为 184 天，应享受年休假天数为 184/365*5=2.5 天，不足 1 天的不予享受，所以该员工实际应享受年休假天数为 2 天。同样道理，还会出现年内享受 5 天和 10 天、10 天和 20 天并存的情况，这些都需要分段计算。

结合年休假的计算方法，年休假统计与计算的表格设计步骤如下。

▷ **STEP 1**：在一个工作表中设计表格并填充基础数据，见图 4-33。

	A	B	C	D	E	F	G
1	统计年度						
2	编号	姓名	参加工作时间	工龄	应休年休假天数	已休天数	未休天数
3	HR001	张伟	1999-8-16				
4	HR002	冯晓	2000-11-30				
5	HR003	李菲菲	2001-8-19				
6	HR004	张燕茹	2008-3-1				
7	HR005	李玉瑾	2009-6-12				
8	HR006	高怀玉	2010-9-2				
9	HR008	巩明明	2015-5-12				
10	HR007	葛士超	2015-11-13				
11	HR009	郭华	2016-11-15				
12	HR010	韩雷雷	2019-7-27				
13	HR011	韩雷雷	2020-6-1				

● 图 4-33　年休假统计表格

▷ **STEP 2**：选中 B1 单元格，单击【数据】选项卡【数据工具】功能区【数据验证】按钮，弹出【数据验证】对话框。在【允许】下拉列表中选择【序列】，鼠标光标定位在【来源】文本框，然后鼠标单击"序列"工作表，输入各个年份，如"2020,2021,2022,2023,2024",见图 4-34。

这样 B1 会出现一个下拉菜单,选择"2020"。

▶ **STEP 3：**

在 D3 单元格输入如下公式,并向下填充。

=DATEDIF(C3,DATE($B$1,12,31),"y")

在 E3 单元格输入如下公式,并向下填充。

=IFERROR(INT(SUM(ABS(DATE
($B$1,MONTH(C3),DAY(C3))-DATE
($B$1+{0,1},1,1))*LOOKUP(DATEDIF
(C3,DATE($B$1,12,31),"y")-{1,0},{0,0;1,5;
10,10;20,15}))/365),0)

● 图 4-34 数据验证设置

在 G3 单元格输入如下公式,并向下填充。

=E3-F3

F 列的数据根据实际情况填写,表格完成后效果见图 4-35。

	A	B	C	D	E	F	G
1	统计年度	2020					
2	编号	姓名	参加工作时间	工龄	应休年休假天数	已休天数	未休天数
3	HR001	张伟	1999-8-16	21	15		15
4	HR002	冯晓	2000-11-30	20	10	5	5
5	HR003	李菲菲	2001-8-19	19	10		10
6	HR004	张燕茹	2008-3-1	12	10		10
7	HR005	李玉瑾	2009-6-12	11	10		10
8	HR006	高怀玉	2010-9-2	10	6	2	4
9	HR008	巩明明	2015-5-12	5	5		5
10	HR007	葛士超	2015-11-13	5	5		5
11	HR009	郭华	2016-11-15	4	5		5
12	HR010	韩雷雷	2019-7-27	1	2		2
13	HR011	韩雷雷	2020-6-1	0	0		0

● 图 4-35 年休假统计表完成后效果

■■■ **专家解析** ■■■

=IFERROR(INT(SUM(ABS(DATE($B$1,MONTH(C3),DAY(C3))-DATE($B$1+{0,1},1,1))*
LOOKUP(DATEDIF(C3,DATE($B$1,12,31),"y")-{1,0},{0,0;1,5;10, 10;20,15}))/365),0) 公式
解析。

　　这个公式是一个数组公式，是以员工参加工作时间中的月和日作为节点，分别计算当年这一节点前应休年假天数和节点后应休年假天数，然后把两者相加就是当年应该休的年假天数，这样计算是为了解决满 1 年、10 年、20 年时要分段计算的情况。

- DATE($B$1,MONTH(C3),DAY(C3)) 将 B1 单元格的年、员工参加工作的月和日组合成一个新的日期"2020-8-16"。

- DATE($B$1+{0,1},1,1) 是一个数组公式，它返回两个日期，B1 单元格指定年份的 1 月 1 日和下一年份的 1 月 1 日，本例中返回为 {43831,44197}，这两个数字分别代表"2020-1-1"和"2021-1-1"的时间序列号，其实就是这两个日期。

- DATE($B$1,MONTH(C3),DAY(C3))-DATE($B$1+{0,1},1,1)，用"2020-8-16"分别减去"2020-1-1"和"2021-1-1"，返回结果为 {228,-138}，也就是以"2020-8-16"作为节点，分别计算这个节点前的日历天数和节点后的日历天数。

- ABS 函数返回数据的绝对值，ABS(DATE($B$1,MONTH(C3),DAY(C3))-DATE($B$1+{0,1},1,1)) 的返回结果为 {228,138}。

- DATEDIF(C3,DATE($B$1,12,31),"y") 是计算截至当年年底员工的工龄是多少，DATEDIF(C3,DATE($B$1,12,31),"y")-{1,0} 是返回截至上年底工龄是多少和截至当年底工龄是多少，返回结果为 {20,21}。

- {0,0;1,5;10,10;20,15} 是 4 行 2 列的数组，它与工龄和年休假的天数相对应，工龄为 0 时年休假天数为 0，工龄为 1 时休假天数为 5，工龄为 10 时年休假天数为 10，工龄为 20 时年休假天数为 15。

- LOOKUP(DATEDIF(C3,DATE($B$1,12,31),"y")-{1,0},{0,0;1,5; 10,10;20,15}) 根据工龄判断应休年休假天数，分别判断工龄为 20 和 21 年时应休年休假天数为多少，返回结果为 {15,15}。

- ABS(DATE($B$1,MONTH(C3),DAY(C3))-DATE($B$1+{0,1},1,1))*LOOKUP(DATEDIF(C3,DATE($B$1,12,31),"y")-{1,0},{0,0;1,5;10,10;20,15})) 返回 {228,138}*{15,15}，然后分别计算 228*15 和 138*15，最终结果为 {3420,2070}。

- SUM(ABS(DATE($B$1,MONTH(C3),DAY(C3))-DATE($B$1+{0,1},1,1))*LOOKUP(D

ATEDIF(C3,DATE($B$1,12,31)," y ")−{1,0},{0,0;1,5:10, 10;20,15}))/365，是将
"2020-8-16" 这一天作为节点把 2020 年分成两段，分别计算年休假天
数是多少，根据前面解析，返回 SUM({3420,2070})/365，也就是将 3420
和 2070 求和，然后除以 365，最终结果约等于 15.04。

- INT 是取整函数，INT(SUM(ABS(DATE($B$1,MONTH(C3),DAY(C3))−DATE ($B$1+{0,1},1,1))*
  LOOKUP(DATEDIF(C3,DATE($B$1,12,31)," y ")−{1,0},{0,0;1,5:10,10;20,15}))/365) 返回
  INT (15.04)，最终结果为 15。

- IFERROR 的语法为 IFERROR(是否为错误值，当为错误值时返回的内容)，
  用 IFERROR 是用来判断前述解析的公式是否返回错误值，如果返回错误
  值，则公式结果为 0。

4.6 多种加班统计思路与方法

加班统计一般有两种主流方式：一种是表单式统计，根据员工事前或事后提
出的表单申请来统计；一种是打卡式统计，根据员工的电子考勤时间来核算加班。
下面来介绍一下两种加班统计的操作方法，既可以方便查看每天加班情况，也可以
快速汇总加班时间。

1. 表单式加班统计

表单式加班统计需要根据表单统计，处理难点是如何快速输入，如何快速统
计加班时间，如何区分平时加班、周末加班和法定节假日加班。具体操作步骤如下。

▷ **STEP 1**：新建名为"加班统计"的工作表，并设计表格结构，见图 4-36。

▷ **STEP 2**：在 A2 单元格输入公式 =B2&D2，并填充基础数据，最终效果见
图 4-37。

	A	B	C	D	E
1	辅助列	编号	姓名	日期	加班时数
2					
3					
4					
5					
6					
7					
8					
9					
10					

	A	B	C	D	E
1	辅助列	编号	姓名	日期	加班时数
2	HR00244044	HR002	冯晓	2020-8-1	2
3	HR00444044	HR004	张燕茹	2020-8-1	5.5
4	HR00544044	HR005	李玉瑾	2020-8-1	1
5	HR00444045	HR004	张燕茹	2020-8-2	3.5
6	HR00544045	HR005	李玉瑾	2020-8-2	1
7	HR00344046	HR003	李菲菲	2020-8-3	2
8	HR00344046	HR003	李菲菲	2020-8-3	

● 图 4-36　加班统计表格设计 ● 图 4-37　加班统计完成后效果

▷▷ **STEP 3**：新建名为"加班汇总"的工作表，并设计表格结构，见图4-38。

●图 4-38　加班汇总表设计

▷▷ **STEP 4**：在 C1 单元格输入"2020-8-1"，向右拖动到 AG1 单元格，选中 C1:AG1 数据区域，按组合键〈Ctrl+1〉调出【设置单元格格式】对话框，选择【自定义】，在【类型】文本框中输入"D"，见图4-39。

●图 4-39　设置单元格格式

▷▷ **STEP 5**：在 C2 单元格输入如下公式，并向右拖动到 AG2 单元格，见图4-40。
=WEEKDAY(H1,2)

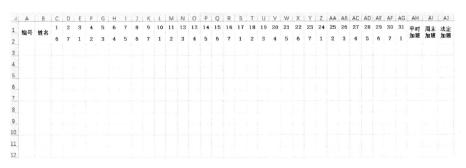

●图 4-40　初步完成加班汇总表效果

▷▷ **STEP 6：** 选中 C1:AG12 数据区域，在【开始】选项卡【样式】功能区【条件格式】下拉列表中选择【新建规则】，见图 4-41。

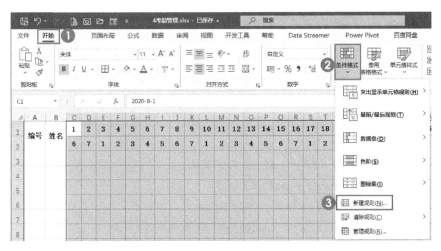

●图 4-41　设置条件格式

在弹出的【新建格式规则】对话框中选择【使用公式确定要设置格式的单元格】，在【为符合此公式的值设置格式】文本框中输入如下公式，并单击【格式】按钮，见图 4-42。

=OR(C$2=6,C$2=7)

在弹出的【设置单元格格式】对话框中选择合适的背景色，并单击【确定】按钮，见图 4-43。

前面操作是周末时填充底色，同样操作，再设置法定节假日时填充另外一个底色，公式为 =C$2=8

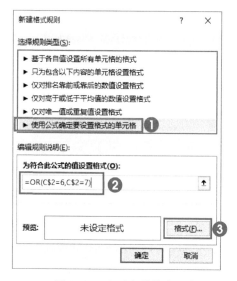

● 图 4-42　设置条件格式公式

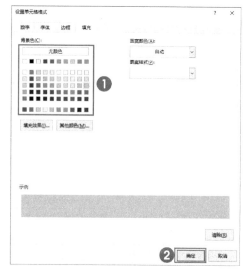

● 图 4-43　设置背景色

▶▶ **STEP 7**：选中 C3:AG12 数据区域，在编辑栏输入如下公式，并按组合键〈Ctrl+Enter〉填充公式。

=SUMIFS(加班统计 !$E$2:$E$98, 加班统计 !$B$2:$B$98, $A3, 加班统计 !$D$2:$D$98, C$1)

在 AH3 单元格输入如下公式，并向下填充。

=SUMIF($C$2:$AG$2,"<6",$C3:$AG3)

在 AI3 单元格输入如下公式，并向下填充。

=SUMIFS($C3:$AG3,$C$2:$AG$2,">5",$C$2:$AG$2,"<8")

在 AJ3 单元格输入如下公式，并向下填充。

=SUMIF($C$2:$AG$2,8,$C3:$AG3)

最终效果见图 4-44：

	A	B	1	2	3	4	5	6	7	8	9	10	11	12	13	14	15	16	17	18	19	20	21	22	23	24	25	26	27	28	29	30	31	平时加班	周末加班	法定加班
	编号	姓名	6	7	1	2	3	4	5	6	7	1	2	3	4	5	6	7	1	2	3	4	5	6	7	1	2	3	4	5	6	7	1			
3	HR001	张伟				14	7.5		2			3.5	7.5	13.5	2			3		7.5	8.5											3.5			66	6.5	
4	HR002	冯晓				3.5							3.5						2				13.5	9								27	4	
5	HR003	李菲菲			3		15.5			2	1.5					2							8.5							27	5.5	
6	HR004	张惠茹	5.5	3.5	3.5	8.5		7.5	1.5	3.5	2		3			3.5	3.5	3.5	7		4		11	8.5	13		8.5	8.5				5		93	29.5	
7	HR005	李玉婷	1	1		7.5	8			1												16	11								42.5	2	
8	HR006	高怀玉				12		1				13.5																2	15		28.5	15	
9	HR007	葛士超			13.5	9						3.5	7.5	13.5			5														47	5	
10	HR008	况明明		4	14	13.5	4				3.5	8.5	4			4	14	8.5									75.5	4	
11	HR009	郭华													1.5	3.5											13.5	5	
12	HR010	韩富雷		2			5.5		2	13.5			9.5					7.5	6	3.5							6.5		34	24	

● 图 4-44　加班汇总表最终效果

这两个表格操作如下。

① "加班统计"工作表可以一直使用，每个月只需要填充新数据进去即可，不用管以往数据。

② "加班汇总"工作表每月需要更新，只需要更新 C1:AG1 数据区域的日期即可，如果要保存每个月的加班统计，需要将此表复制出来。

③ "加班汇总"工作表中，如果适逢当月有法定节假日的，C2:AG2 数据区域中对应日期中的星期修改为数字"8"，下个月使用时再把 C3:AG3 区域填充公式即可。

2. 打卡式加班统计

打卡式加班主要是根据打卡时间来确定加班时间，假定某公司 8:30 上班，17:00 下班，超过 17:30 打卡的，从 17:00 开始计算加班时间。具体操作步骤如下。

▷ **STEP 1**：在考勤打卡表格中 F1 单元格输入"加班时长"，在 G2 单元格编辑如下公式，并向下填充公式，如图 4-45 所示。

=IF(F2="",0,IF(D2<6,IF(F2>17.5/24,ROUND(F2*24-17,1),0),ROUND(F2*24-8.5,1)))

G2				f_x	=IF(F2="",0,IF(D2<6,IF(F2>17.5/24,ROUND(F2*24-17,1),0),ROUND(F2*24-8.5,1)))				
	A	B	C	D	E	F	G	H	I	J
1	编号	姓名	刷卡日期	星期	上班卡	下班卡	加班时长			
2	HR001	张伟	2020-8-3	1	6:34:21	18:08:25	1.1			
3	HR001	张伟	2020-8-4	2	6:35:21	17:00:10	0			
4	HR001	张伟	2020-8-5	3	7:07:51	17:01:15	0			
5	HR001	张伟	2020-8-6	4	7:24:37					
6	HR001	张伟	2020-8-7	5	7:50:32	17:08:32	0			
7	HR001	张伟	2020-8-10	1	6:39:27	21:38:36	4.6			
8	HR001	张伟	2020-8-11	2	8:27:21	18:02:48	1			
9	HR001	张伟	2020-8-12	3	8:32:49	18:07:29	1.1			
10	HR001	张伟	2020-8-13	4	8:05:42	18:07:44	1.1			

●图 4-45 统计加班时长

▷ **STEP 2**：新建名为"加班汇总"的工作表，操作同前述内容，选中 C3:AG12 数据区域，在编辑栏输入如下公式，并按组合键〈Ctrl+Enter〉填充公式。

=SUMIFS(考勤打卡!$G$2:$G$98,考勤打卡!$B$2:$B$98,$A3,考勤打卡!$D$2:$D$98,C$1)

最终效果见图 4-46。

编号	姓名	1	2	3	4	5	6	7	8	9	10	11	12	13	14	15	16	17	18	19	20	21	22	23	24	25	26	27	28	29	30	31	平时加班	周末加班	法定加班
		6	7																			1	2	3	4	5									
HR001	张伟		1.1								4.6		1	1.1	1.1	3.8					2.6	3.8	4.6			4.6					12	8.5		29.4	20.8	
HR002	冯晓	12.3		1.1								3.8	4.6			1.1				8.5	4.6	4.6	1	1.1	1.1		3.8	2.6					29.4	20.8	
HR003	李挂挂					4.6	4.6	1	1.1								3.8	4.6		1.1	1.1	8.5	12	3.8	2.6					29.4	20.8	
HR004	张惠茹	9.6	12			4.6	4.6	1	2												4.6	1		3.8	4.6					1.1	28.3	21.9	
HR005	李卫瑶			1.1	1.1							3.8	4.6		1.1				4.6	1.1	1	12	8.5	2.6					1.1	29.4	20.8	
HR006	高怀玉	8.5		1.1	1.1				4.6		2.6					3.8	3.8			13		3.8	4.5		1.1			1.1	28.6	21.6	
HR007	周士超		1.1			3.8	3.8					1.2	4.6	1	2.6	4.6		1.1	1.1		4.6					1.1	29.4	20.9	
HR008	巩明明	8.6	12			1.1	1.1				1.1	4.6						2.6	4.6	2.6		1	2.6	4.6	8.5		3.8	33.2	17.1	
HR009	郭华					1	4.6	1	1.1	1.1		8.6	3.8	3.8	4.6										
HR010	韩富富		1.1				1			2.6	4.6		4.6	12	1.1	1.1	1.1		8.5		3.8	4.6			8.6				29.4	20.9	

●图 4-46　考勤打卡加班汇总最终效果

这两个表格操作如下。

① "考勤打卡"工作表每个月需要填充当月最新数据，也可以在以往数据后面新增打卡数据。

② "加班汇总"工作表每月需要更新，只需要更新 C1:AG1 数据区域的日期即可，如果要保存每个月的加班统计，需要将此表复制出来。

③ 如果适逢当月有法定节假日，将"考勤打卡"和"加班汇总"两个工作表中的星期修改为数字"8"，下个月使用时再填充公式即可。

▰▰▰ 专家解析 ▰▰▰

① SUMIFS(加班统计 !$E$2:$E$98, 加班统计 !$B$2:$B$98, $A3, 加班统计 !$D$2:$D$98, C$1) 解析。

SUMIFS 的语法为 SUMIFS(求和区域，条件区域1，条件1，条件区域2，条件2，…)，这个公式是通过匹配员工编号和日期得出加班时间。

② SUMIF($C$2:$AG$2,"<6",$C3:$AG3) 解析。

SUMIF 的语法为 SUMIF(条件区域，条件，求和区域)，这个公式是统计 $C$2:$AG$2 区域小于 6 时，$C3:$AG3 与其所对应的数字之和，也就是统计星期一至星期五的加班时间。

③ IF(F2=" ",0,IF(D2<6,IF(F2>17.5/24,ROUND(F2*24-17,1),0), ROUND (F2*24-8.5,1))) 解析。

这个公式来判定当 F2 单元格为空时（代表未打卡），返回 0，当 D2 单元格数字小于 6 时（代表星期一至星期五）并且下班时间晚于 17:30 的，计算下班打卡时间与 17:30 的差值（小时数），当 D2 单元格数字大于数字 6 时（代表周末或法定节假日），计算下班打卡时间与 8:30 的差值（小时数）。

4.7 用表格设计解决请休假统计慢的问题

有的 HR 还在用人工的方式统计请休假，这种统计方式比较费时费力，如何能提高人工统计效率呢？其实输入数据的效率不能提升多少，但是可以从数据统计方向入手来提高请休假统计的效率问题。具体操作步骤如下。

▷ **STEP 1:** 新建名为"请休假统计"的工作表，并设计表格结构，A2 单元格公式为 =B2&D2，效果见图 4-47。

▷ **STEP 2:** 选中 D2 单元格，单击【数据】选项卡【数据工具】功能区【数据验证】按钮，弹出【数据验证】对话框。在【允许】下拉列表中选择【序列】，在【来源】文本框中输入请休假符号，本例用"事,病,年,产,护,伤,旷,差"，见图 4-48，这样 D2 单元格会生成请休假符号的下拉菜单。

	A	B	C	D	E
1	辅助列	编号	姓名	日期	出勤
2					
3					
4					
5					
6					
7					
8					

● 图 4-47　请休假统计表设计

输入基础数据后效果见图 4-49。

● 图 4-48　数据验证设置

	A	B	C	D	E
1	辅助列	编号	姓名	日期	出勤
2	HR00144046	HR001	张伟	2020-8-3	事
3	HR00144050	HR001	张伟	2020-8-7	年
4	HR00144053	HR001	张伟	2020-8-10	年
5	HR00144054	HR001	张伟	2020-8-11	年
6	HR00144055	HR001	张伟	2020-8-12	年
7	HR00244049	HR002	冯晓	2020-8-6	病
8	HR00244053	HR002	冯晓	2020-8-10	病

● 图 4-49　请休假统计表格效果

▶ **STEP 3**：新建名为"请休假汇总"的工作表，并设计表格结构，具体请参加 4.6 节内容，设计完成后效果见图 4-50。

编号	姓名	1	2	3	4	5	6	7	8	9	10	11	12	13	14	15	16	17	18	19	20	21	22	23	24	25	26	27	28	29	30	31	事	病	年	产	护	伤	差	旷
		6	7	1	2	3	4	5	6	7	1	2	3	4	5	6	7	1	2	3	4	5	6	7	1	2	3	4	5	6	7	1								
HR001	张伟																																							
HR002	冯晓																																							
HR003	李菲菲																																							
HR004	张燕茹																																							
HR005	李玉瑾																																							
HR006	高怀玉																																							
HR007	葛士超																																							
HR008	巩明明																																							
HR009	郭华																																							
HR010	韩蕾蕾																																							

●图 4-50　请休假汇总表设计

▶ **STEP 4**：选中 C3:AG12 数据区域，在编辑栏输入公式，并按组合键〈Ctrl+Enter〉填充公式。

=IFERROR(VLOOKUP($A3&C$1,请休假统计 !$A:$E,5,0),"")

选中 AH3:AO12 数据区域，在编辑栏输入公式，并按组合键〈Ctrl+Enter〉填充公式。

=COUNTIF($C3:$AG3,AH$1)

最终效果见图 4-51。

编号	姓名	1	2	3	4	5	6	7	8	9	10	11	12	13	14	15	16	17	18	19	20	21	22	23	24	25	26	27	28	29	30	31	事	病	年	产	护	伤	差	旷
		6	7	1	2	3	4	5	6	7	1	2	3	4	5	6	7	1	2	3	4	5	6	7	1	2	3	4	5	6	7	1								
HR001	张伟	事				年			年	年																							1		4					
HR002	冯晓			病				病					病						病															4						
HR003	李菲菲	事													差		差																1						2	
HR004	张燕茹	伤																																				1		
HR005	李玉瑾	差	差	差	差		差	差	差																														8	
HR006	高怀玉	差																																					1	
HR007	葛士超			差				差																															2	
HR008	巩明明																																病	1						
HR009	郭华			差				差	差																														3	
HR010	韩蕾蕾																																事	1						

●图 4-51　请休假汇总表最终效果

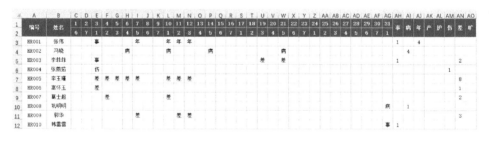

① IFERROR(VLOOKUP($A3&C$1,请休假统计 !$A:$E,5,0),"") 解析。

● VLOOKUP 函数的语法为 VLOOKUP(查找值 , 查找区域 , 返回查找区域第几列的值 ,0 或 1),0 代表精确匹配 ,1 代表模糊匹配。

● IFERROR 函数的语法为 IFERROR(参数 1,当参数 1 为错误值时返回的内容)。
  这个公式是用来把员工编号和日期相匹配作为 VLOOKUP 函数第一个参数，
  在请休假统计 !$A:$E 区域中查找所对应的请休假符号。如果在这个区域
  中查找不到内容，会返回错误值"#N/A"，这时用 IFFEROR 函数将错误
  值返回空值。

② COUNTIF($C3:$AG3,AH$1) 解析。

COUNTIF 函数的语法为 COUNTIF(条件区域,条件)，这个公式是用来统计各
个请休假符号出现的次数。

CHAPTER

5

绩效管理——
科学合理的绩效核算

绩效管理工作中使用 Excel 主要是进行绩效数据的核算、统计、汇总与分析，零散的知识点比较多，非常考验 HR 使用 Excel 的水平和逻辑思维。本章从绩效指标评分、绩效等级分布、提成计算方法与绩效数据分析等方面来讲解 Excel 在绩效管理中的应用。

5.1 IF、MAX 和 MIN 函数在指标评分中的重要作用

绩效考核指标量化评分要通过各种计算，其中就涉及逻辑判断，在使用 Excel 计算分数时，要使用逻辑函数，主要涉及 IF 函数。而在某些情况下，使用 MAX 或 MIN 可以代替 IF 函数，公式还更简短一些。下面讲解一下 IF、MAX 和 MIN 函数的应用。

1. IF 函数

IF 函数根据对指定的条件计算结果为 TRUE 或 FALSE 来返回不同的结果，它的语法为 IF(判断指定条件计算结果为 TRUE 还是 FALSE, 当结果为 TRUE 时返回的内容, 当结果为 FALSE 时返回的内容)。

见图 5-1，当得分小于 60 分时返回 60，否则返回实际数值，在 C2 单元格编辑如下公式。

=IF(B2<60,60,B2)

向下填充公式即可得出结果。在这个公式中，"B2<60"是 IF 第一个参数，它判断这个计算结果为 TRUE 还是 FALSE，B2 值为 58，它是小于 60 的，所以返回 TRUE；第二个参数是结果为 TRUE 时返回的结果 60。

2. MAX 和 MIN 函数

MAX 函数是返回一组值中的最大值，它的语法为 MAX(参数 1,[参数 2],…)，必须保证有一个参数。而 MIN 函数与 MAX 函数相反，它是返回一组值中的最小值，它的语法为 MIN(参数 1,[参数 2],…)，必须保证有一个参数。

同样是图 5-1 的内容，使用 MAX 函数可以快速解决，见图 5-2。

C2			fx	=IF(B2<60,60,B2)	
	A	B	C	D	E
1	姓名	得分	结果		
2	赵乙发	58	60		
3	陈翠翠	70	70		
4	王邦付	87	87		
5	周文云	52	60		
6	朱春树	70	70		
7	向建平	82	82		

●图 5-1 IF 函数实例

C2			fx	=MAX(B2,60)	
	A	B	C	D	E
1	姓名	得分	结果		
2	赵乙发	58	60		
3	陈翠翠	70	70		
4	王邦付	87	87		
5	周文云	52	60		
6	朱春树	70	70		
7	向建平	82	82		

●图 5-2 MAX 函数实例

"=MAX(B2,60)"这个公式是用 B2 单元格的值和 60 对比，返回两者的最大

值，B2 单元格的值为 58，所以返回 60，公式向下填充后，当有比 60 大的数值出现，则返回那个数值。

3．IF、MAX 和 MIN 实例应用

见图 5-3，根据表格中内容，计算实际得分为多少。

	A	B	C	D	E	F
1	序号	考核项目	计算方法	目标值	实际值	得分
2	1	一次成品合格率	达到目标值得10分，每低1%扣2分，不满1%按1%计算，最低为0分	95%	93.2%	

●图 5-3　绩效指标得分计算示例

这种问题的解题思路为一个问题编辑一个公式，然后组合起来。

"每低 1% 扣 2 分，不满 1% 按 1% 计算"，这个问题主要是计算实际值和目标值差几个 1%，可以用 "(INT((D2−D2)*100)+1)*2" 来计算。INT 是取整函数，它是把数值的小数直接舍去，保留整数，因为不足 1% 的按 1% 计算，所以需要再加上 1 才可以，乘以 2 是用来计算需要扣多少分。

"每低 1% 扣 2 分，不满 1% 按 1% 计算，最低为 0 分"可以用 IF 来判断扣的分数是否超过了 10 分，如果超过了 10 分，则返回 0，公式如下。

=IF((INT((D2−E2)*100)+1)*2>10,0, 10−(INT((D2−E2)*100)+1)*2)

若使用 MAX 函数，还可以再简化，如果出现实际得分小于 0 的情况，用 MAX 函数返回 0。

=MAX(10−(INT((D2−E2)*100)+1)*2,0)

本例中实际值是小于目标值的，如果出现大于目标值的情况，得分为 10 分，再用一个 IF 函数来判断，那么整个公式就可以按如下编辑。

=IF(E2>=D2,10, MAX(10−(INT((D2−E2)*100)+1)*2,0))

不使用 IF 的话，还可以再用 MIN 函数来简化公式，MIN 函数主要是判断实际得分和 10 分的最小值。

=MAX(MIN(10−(INT((D2−E2)*100)+1)*2,10),0)

5.2　绩效等级分布不仅仅用 IF 函数解决

绩效得分确定后，有的公司需要对绩效得分确定等级分布以便于进行统计分析，见图 5-4，等级分布规定：小于 60 分为 E，大于等于 60 小于 70 为 D，大于等于 70 小于 80 为 C，大于等于 80 小于 90 为 B，大于等于 90 为 A。

	A	B	C	D	E	F
1	员工编号	姓名	部门	岗位	得分	绩效等级
2	HR00001	赵乙发	总经办	总经理	85	
3	HR00005	朱春树	总经办	常务副总	57	
4	HR00006	向建平	总经办	总工程师	84	
5	HR00008	仲阳屺	总经办	生产副总	67	
6	HR00129	钱铮	总经办	销售总监	88	
7	HR00107	王凤宝	销售部	销售经理	80	
8	HR00112	熊超	销售部	销售经理	74	
9	HR00122	王飞隆	销售部	销售专员	55	

●图 5-4　绩效得分表

需要逻辑判断时，首先想到的是用 IF 函数来解决，在 F2 单元格编辑如下公式并向下填充。

=IF(E2>=90,"A",IF(E2>=80,"B",IF(E2>=70,"C",IF(E2>=60,"D","E"))))

对于分段统计内容，可以使用 VLOOKUP 函数的近似匹配来解决，先建一个辅助表，把各个节点和所对应的绩效等级一一对应，要注意节点的数值按升序排序，见图 5-5。

在 F2 单元格编辑如下公式。

=VLOOKUP(E2,$H$2:$I$6,2,1)

	H	I
1	节点	绩效等级
2	0	E
3	60	D
4	70	C
5	80	B
6	90	A

●图 5-5　节点与绩效等级

公式这样编辑需要使用辅助表格，有些情况下并不是特别方便，可以将公式编辑为不使用辅助表格的情况，在编辑栏中用鼠标左键选中"$H$2:$I$6"，按〈F9〉键，这样"$H$2:$I$6"会变成"{0,"E";60,"D";70,"C";80,"B";90,"A"}"，然后按〈Enter〉键，公式变为：

=VLOOKUP(E2,{0,"E";60,"D";70,"C";80,"B";90,"A"},2,1)

最后将 H1:I6 数据区域的辅助表格删除即可，完成后的绩效得分表见图 5-6。

F2		▼	:	× ✓ fx	=VLOOKUP(E2,{0,"E";60,"D";70,"C";80,"B";90,"A"},2,1)		
	A	B	C	D	E	F	G
1	员工编号	姓名	部门	岗位	得分	绩效等级	
2	HR00001	赵乙发	总经办	总经理	85	B	
3	HR00005	朱春树	总经办	常务副总	57	E	
4	HR00006	向建平	总经办	总工程师	84	B	
5	HR00008	仲阳屺	总经办	生产副总	67	D	
6	HR00129	钱铮	总经办	销售总监	88	B	
7	HR00107	王凤宝	销售部	销售经理	80	B	
8	HR00112	熊超	销售部	销售经理	74	C	
9	HR00122	王飞隆	销售部	销售专员	55	E	

●图 5-6　绩效得分表完成效果

5.3 SUMPRODUCT 函数快速计算加权得分

绩效考核中，也会碰到计算加权平均得分的情况，见图 5-7，每项得分的权重在 B1:E1 数据区域，要计算每位员工的总得分。

	A	B	C	D	E	F
1	姓名	月度考核	年度指标	测评	上级评分	总得分
2		50%	25%	10%	15%	
3	赵乙发	78	74	94	89	
4	陈翠翠	70	93	85	96	
5	王邦付	87	94	71	89	
6	周文云	72	79	93	93	
7	朱春树	70	76	81	82	
8	向建平	82	93	97	84	
9	仲阳屺	70	71	94	98	

● 图 5-7　绩效加权得分表

这种情况可以使用 SUMPRODUCT 函数快速计算，在 F3 单元格输入如下公式并向下填充。

=SUMPRODUCT($B$2:$E$2*B3:E3)

SUMPRODUCT 函数是返回对应范围或数组的个数之和，它的语法为 SUMPRODUCT(数据区域或数组 1,[数据区域或数组 2],…)。在本例中，SUMPRODUCT 函数分别让 B2*B3、C2*C3、D2*D3、E2*E3，然后再把它们的结果相加，这样得出最终结果。

5.4 VLOOKUP 函数解决浮动提成的计算难题

浮动提成是指销售额超过一定额度，总提成比例会发生变化，见图 5-8 是浮动提成的政策。

具体操作步骤如下。

▷ STEP 1：准备销售提成计算表格，见图 5-9。

完成任务比例	提成比例
<50%	0%
>=50%	4%
>=60%	5%
>=70%	6%
>=80%	7%
>=90%	8%
>=100%	9%
>=150%	11%

●图 5-8　浮动提成政策

	A	B	C	D	E
1	员工编号	销售任务(万元)	销售业绩(万元)	完成比例	提成(万元)
2	HY00001	125	60	48.00%	
3	HY00002	176	249.92	142.00%	
4	HY00003	28	10.08	36.00%	
5	HY00004	95	55.1	58.00%	
6	HY00005	181	74.21	41.00%	
7	HY00006	39	48.75	125.00%	
8	HY00007	19	14.63	77.00%	
9	HY00009	71	50.41	71.00%	

●图 5-9　销售提成计算表格

▷ **STEP 2**：在 K1:L9 数据区域准备销售提成计算辅助表格，见图 5-10。

▷ **STEP 3**：在 E2 单元格输入如下公式。
=ROUND(VLOOKUP(D2,$K$2:$L$9,2,1)★C2,2)

▷ **STEP 4**：在编辑栏中用鼠标左键选中"$K$2:$L$9"，按〈F9〉键，这样"$K$2:$L$9"会变成"{0,0;0.5,0.04;0.6,0.05;0.7,0.06;0.8,0.07;0.9,0.08;1,0.09;1.5,0.11}"，然后按〈Enter〉键，公式变为
=ROUND(VLOOKUP(D2,{0,0;0.5,0.04;0.6,0.05;0.7,0.06;0.8,0.07;0.9,0.08;1,0.09;1.5,0.11},2,1)★C2,2)

	K	L
1	节点	提成比例
2	0%	0%
3	50%	4%
4	60%	5%
5	70%	6%
6	80%	7%
7	90%	8%
8	100%	9%
9	150%	11%

●图 5-10　销售提成计算辅助表格

向下填充公式，删除辅助表格，完成后效果见图 5-11。

	A	B	C	D	E
1	员工编号	销售任务(万元)	销售业绩(万元)	完成比例	提成(万元)
2	HY00001	125	60	48.00%	0
3	HY00002	176	249.92	142.00%	22.49
4	HY00003	28	10.08	36.00%	0
5	HY00004	95	55.1	58.00%	2.2
6	HY00005	181	74.21	41.00%	0
7	HY00006	39	48.75	125.00%	4.39
8	HY00007	19	14.63	77.00%	0.88
9	HY00009	71	50.41	71.00%	3.02
10	HY00010	193	156.33	81.00%	10.94
11	HY00011	189	262.71	139.00%	23.64

●图 5-11　销售提成计算完成表

5.5 借助逻辑思维，超额阶梯提成计算很简单

超额阶梯提成是每个销售业绩区间对应一个销售提成比例，每个销售业绩区间部分分别乘以对应的销售提成比例，然后再求和为最终提成。例如，某公司规定超额阶梯提成方案为完成 100 万业绩提成比例为 10%，超出 100 万部分提成比例为 20%，某员工销售业绩为 150 万，他的销售提成 =100*10%+(150-100)*20%=20。

某公司实际超额阶梯提成的具体规定见图 5-12。

完成任务比例	分段提成比例
<100%	8%
100%<=完成比例<110%	10%
110%<=完成比例<120%	12%
120%<=完成比例	20%

●图 5-12　超额阶梯提成方案

根据这个超额阶梯提成方案，假设员工完成任务比例为 125%，这位员工销售提成比例 =100%*8%+10%*10%+10%*12%+5%*120%=11.2%。

如果换一种思路，公式将变为 125%*8%+25%*2%+15%*2%+5%*8%，这是计算完成任务比例 125%*8%；再计算超出 100% 的部分 (125%-100%)*2%；接着计算超出 110% 的部分 (125%-110%)*2%；然后计算超出 120% 的部分 (125%-120%)*8%，最后全部相加。

按照这种思路，编辑公式的思路也更明晰，见图 5-13，根据超额阶梯提成方案来计算每位员工的销售提成。

	A	B	C	D	E
1	员工编号	销售任务(万元)	销售业绩(万元)	完成比例	提成(万元)
2	HY00001	125	60	48.0%	
3	HY00002	176	249.92	142.0%	
4	HY00003	28	10.08	36.0%	
5	HY00004	95	55.1	58.0%	
6	HY00005	181	74.21	41.0%	
7	HY00006	39	48.75	125.0%	
8	HY00007	19	14.63	77.0%	
9	HY00009	71	50.41	71.0%	

●图 5-13　销售提成计算表格

在 E2 单元格输入如下公式并向下填充。

=ROUND(C2*8%+MAX((C2-B2)*2%,0)+MAX((C2-B2*110%)*2%,0)+MAX((C2-B2*120%)*8%,0),2)

因为每位员工销售任务完成比例是不确定的，所以通过 MAX 来判断，如果小于 0 的时候，返回 0，这样就会得出每位员工的销售提成。

5.6 绩效数据都分析什么

绩效数据都分析什么呢？其实绩效数据分析相对比较简单，主要为横向分析和纵向分析。

横向对比分析主要为人员、岗位、职级、部门等维度之间考核得分的对比，用来分析各个维度之间的差异情况，以便及时调整与整改，提升绩效。

纵向对比分析主要为同一维度（人员、岗位、职级、部门等）在不同时期指标或得分的对比，通过对比差异以达到针对性地改善绩效的目的。

下面，介绍几种绩效分析的方法。

1. 绩效分布分析

见图 5-14，根据此表来分析绩效分布情况。

	A	B	C	D	E	F
1	员工编号	姓名	部门	岗位	得分	绩效等级
2	HR00001	赵乙发	总经办	总经理	85	B
3	HR00005	朱春树	总经办	常务副总	57	E
4	HR00006	向建平	总经办	总工程师	84	B
5	HR00008	仲阳屺	总经办	生产副总	67	D
6	HR00129	钱铎	总经办	销售总监	88	B
7	HR00107	王凤宝	销售部	销售经理	80	B
8	HR00112	熊超	销售部	销售经理	74	C
9	HR00122	王飞隆	销售部	销售专员	55	E
10	HR00136	李献峰	销售部	文员	70	C

● 图 5-14　绩效得分表

▷ **STEP 1**：光标定位在表格任意一个单元格，在【插入】选项卡【表格】功能区单击【数据透视表】，在弹出的【创建数据透视表】对话框中直接单击【确定】按钮，见图 5-15。

●图 5-15 插入数据透视表

这样会生成一个新的工作表，里面有空白数据透视表，见图 5-16。

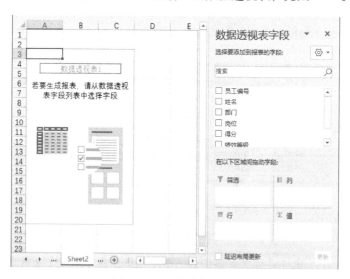

●图 5-16 空白数据透视表

▷ **STEP 2**：将【绩效等级】字段拖动到【行】区域，将【员工编号】字段拖动到【值】区域，然后再把【员工编号】字段拖动到【值】区域一次，效果见图 5-17。

●图 5-17　数据透视表设置

▶▶ **STEP 3**：在【值】区域单击任意一个字段，选择【值字段设置】，在弹出的【值字段设置】对话框中选择【值显示方式】标签，在【值显示方式】下拉列表中选择【总计的百分比】，然后单击【确定】按钮，见图 5-18。

▶▶ **STEP 4**：将数据透视表内容粘贴到一个新工作表中并美化，见图 5-19。

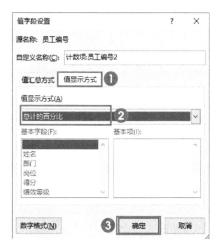

	A	B	C
1	得分	人数	比例
2	A	27	19.0%
3	B	42	29.6%
4	C	29	20.4%
5	D	33	23.2%
6	E	11	7.7%

●图 5-18　值字段设置　　　　　●图 5-19　美化后绩效分布统计表

▶▶ **STEP 5**：选中 A1:C6 数据区域范围，在【插入】选项卡【图表】功能区【组合图】列表中选择【簇状柱形图 - 次坐标轴上的折线图】，见图 5-20。

●图 5-20　插入组合图

▶▶ STEP 6：双击垂直坐标轴，在右侧弹出的【设置坐标轴格式】窗口中将【最大值】设置为 70，见图 5-21。

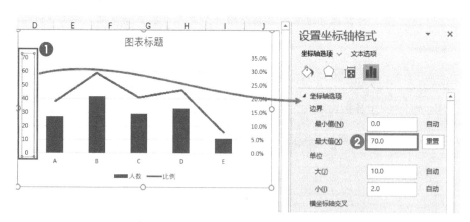

●图 5-21　设置坐标轴最大值

▶▶ STEP 7：在【标签位置】选择【无】，见图 5-22，这样图表中将不显示垂直轴标签。同样操作，将次坐标轴垂直轴标签设置为【无】。

▶▶ STEP 8：单击图表中的柱形，在【图表元素】中依次选择【数据标签】-【数据标签内】，见图 5-23。

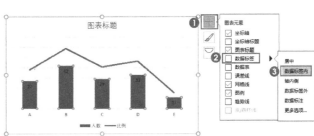

● 图 5-22　垂直轴标签设置　　　　　　● 图 5-23　设置数据标签

同样操作，单击折线图，设置数据标签为【居中】。

▷▷ STEP 9：单击折线图，在【设置数据系列格式】窗口中选择【填充与线条】，单击【标记】选择【标记选项】，选择【内置】，设置标记类型与大小，见图 5-24。

▷▷ STEP 10：删除网格线、修改图表标题，最终美化图表效果见图 5-25。

● 图 5-24　设置标记

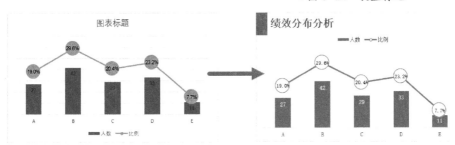

● 图 5-25　图表美化后效果

2. 部门绩效对比分析

横向绩效对比分析可以直接使用柱形或条形图来分析,见图5-26是各部门绩效得分,注意要对部门得分进行升序或降序排序。

在【插入】选项卡【图表】功能区【组合图】列表中选择【簇状柱形图】,见图5-27。

	A	B
1	部门	部门得分
2	销售部	95
3	市场部	94
4	采购部	92
5	行政部	91
6	品质部	89
7	工艺部	88
8	人力资源部	84
9	技术部	84
10	生产部	83
11	财务部	79

● 图5-26 各部门绩效得分表

● 图5-27 插入柱形图

美化后图表见图5-28。

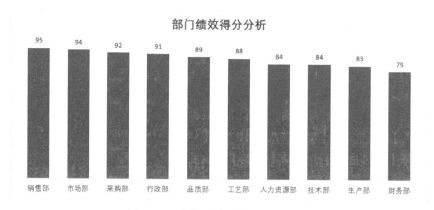

● 图5-28 各部门绩效得分分析柱形图

3. 不同组织同一绩效指标分析

还可以对同一绩效指标下的各个组织来进行绩效分析,以找出低绩效的组织进行改善提升,见图5-29是各班组一次成品合格率的数据。

这种分析可以使用柱形图或条形图。以条形图为例,在【插入】选项卡【图表】功能区【组合图】列表中选择【簇状条形图】,

	A	B
1	班组	一次成品合格率
2	班组2	98.5%
3	班组5	97.5%
4	班组4	95.0%
5	班组3	93.0%
6	班组1	90.4%

● 图5-29 各班组一次成品合格率

见图 5-30。

●图 5-30 插入条形图

生成的条形图垂直轴标签与表格中的顺序是相反的，双击垂直轴，在【设置坐标轴格式】窗口中勾选【逆序类别】复选框，见图 5-31。

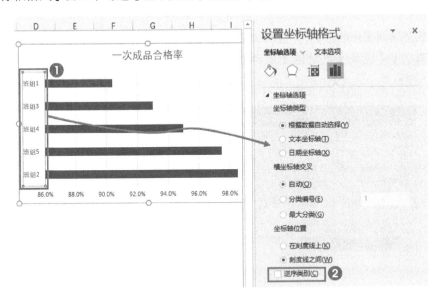

●图 5-31 逆序类别设置

图表美化后效果见图 5–32。

4. 月度绩效得分分析

月度绩效得分分析主要是对比各月得分，找出绩效低的月份的原因，以便于针对性改善与提升，见图 5–33 是人力资源部各月绩效得分情况。

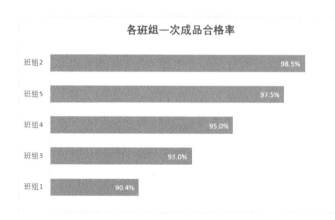

	A	B
1	月份	得分
2	1月	85
3	2月	84
4	3月	84
5	4月	81
6	5月	80
7	6月	93
8	7月	83
9	8月	80
10	9月	92
11	10月	80
12	11月	95
13	12月	88

●图 5–32　各班组一次成品合格率条形图　　　●图 5–33　人力资源部每月绩效得分

根据时间变化的分析，一般采用折线图或面积图分析。以折线图为例，在【插入】选项卡【图表】功能区【组合图】列表中选择【带数据标记的折线图】，见图 5–34。

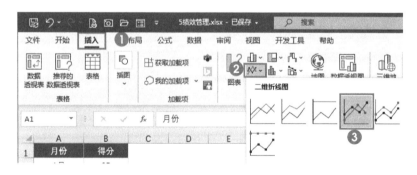

●图 5–34　插入折线图

图表美化后效果见图 5–35。

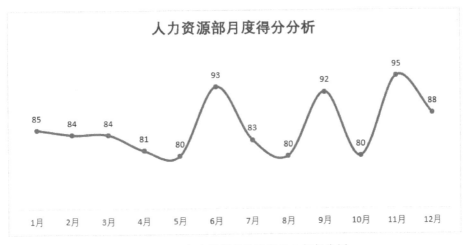

● 图 5-35　人力资源部月度得分分析折线图

CHAPTER

6

薪酬管理——
简单高效的薪资核算

薪资核算是每个公司必不可少的一项工作，使用
Excel核算薪资和薪资分析，面临众多的问题，薪资核算
是否准确、薪资核算是否高效、薪资分析是否方便等都是
HR要考虑的问题。本章从常见工资表错误入手，讲解新
个人所得税法下薪资快速核算的方法以及薪资分析思路。

6.1 工资表不是这样设计的

工资核算效率不高或者容易出错，最主要的原因是工资表设计的问题和工资表使用的问题。下面介绍一下常见的工资表设计和使用不规范的情况。

1. 手动修改工资表核算工资

手动修改工资表核算工资的主要表现是每次核算工资时，只调整变动部分，其他部分不动，变动部分主要是考勤部分、人员增减、工资标准调整、津补贴或扣除费用变动等。

这种核算方式的缺点是：

- 容易出现遗漏。面对密密麻麻的数字时，核算工资人员不可避免地存在眼花、看错行等情况，容易出现应修改而未修改的情况。
- 容易出现错误。在表格中修改数据时容易出现误改、误删数据的情况。
- 效率低下。每项变动都需要手动修改，效率低下，尤其在修改量大的情况下表现更是明显。

2. 只设计适用于当前的表格，不考虑通用情况

有的公司工资项目众多，而且不是每个月每个工资项目都有数字发生，核算人员在核算工资时，会把没有数字发生的项目直接删除，后面需要时再增加上。见图 6-1，相对于 2 月份，3 月份工资项目中新增了"事假、病假、3 月临时补贴"三项内容。

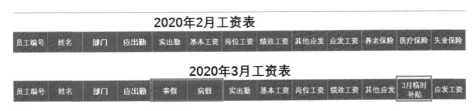

2020年2月工资表

员工编号	姓名	部门	应出勤	实出勤	基本工资	岗位工资	绩效工资	其他应发	应发工资	养老保险	医疗保险	失业保险

2020年3月工资表

员工编号	姓名	部门	应出勤	事假	病假	实出勤	基本工资	岗位工资	绩效工资	其他应发	3月临时补贴	应发工资

● 图 6-1　变动的工资项目

这种核算方式的缺点是：

- 增减工资项目会造成遗漏或效率低下。每月都需要重新审查一遍工资项目，有可能会出现遗漏的情况，或者因每次增减工资项目而造成时间浪费。
- 汇总数据困难。周期性数据分析时，要汇总工资数据，因为工资项目顺序不匹配或者工资项目名称不匹配，人为造成数据汇总困难。

3. 多行表头工资表

多行表头的工资表是非常普遍的，见图 6-2，因为 HR 们普遍认为多行表头可以更清晰地定位工资项目，但是多行表头工资表也是有明显缺点的，即在周期性数据分析时，汇总工资数据比较麻烦，浪费 HR 大量时间。

个人信息			考勤												应发工资				
员工编号	姓名	部门	应出勤	事假	病假	婚假	产假	丧假	工伤	护理假	年休假	旷工	出差	实出勤	基本工资	岗位工资	绩效工资	其他奖发	应发工资

应扣应缴						个税扣缴					实发工资
养老保险	医疗保险	失业保险	住房公积金	事假奖发	其他奖发	本月专项附加扣除	本月应税额	累计应税额	累计已预缴个税	本月预缴个税	实发工资

●图 6-2　多行表头工资表

多行表头的工资表可以使用，但在存储数据时，可以使用单行表头，这样既利用了多行表头的优点，又避免了其缺点。

4. 用公式导入数据

这种操作方法要比手动修改工资表方便很多，每次核算工资时，不管数据有没有修改，都把考勤等数据重新导入一遍，不常变动的数据通过导入或者手动修改。这种操作对 HR 的 Excel 使用水平有更高的要求，在核算效率和准确性方面有了很大的提高。

这种核算方式的缺点是：

● 浪费时间。虽说效率提高了不少，但是每次核算工资都需要用公式导入数据，总体来说比较浪费时间。

● 容易造成错误。在操作公式过程中，也会出现误改、误删等情况，造成工资核算错误。

● 因数据源表修改造成错误。有的 HR 没有规避公式连接这个问题，会出现数据源表修改造成工资数据修改的情况，在后期核算、汇总数据时出现数据不准确的情况。

本章接下来的内容将讲解工资表设计问题来避免上述各种错误或效率低下的情况出现。

6.2　薪资核算人员必须要懂的新个人所得税法知识

最新的《中华人民共和国个人所得税法》于 2019 年 1 月 1 日施行，其中最重要的变化之一是实行累计预扣法，这种方法的施行对薪酬核算人员来说是一个巨大的挑战，因为个税不再是直接一个个税公式就能计算出来的，还要使用自然年度内的以往历史数据，所以要核算薪资，就必须要了解个人所得税法的一些规定。

在《关于发布 < 个人所得税扣缴申报管理办法（试行）> 的公告》(国家税务总局公告 2018 年第 61 号) 第六条有规定：

"扣缴义务人向居民个人支付工资、薪金所得时，应当按照累计预扣法计算预扣税款，并按月办理扣缴申报。

累计预扣法，是指扣缴义务人在一个纳税年度内预扣预缴税款时，以纳税人在本单位截至当前月份工资、薪金所得累计收入减除累计免税收入、累计减除费用、累计专项扣除、累计专项附加扣除和累计依法确定的其他扣除后的余额为累计预扣预缴应纳税所得额，适用个人所得税预扣率表一，计算累计应预扣预缴税额，再减除累计减免税额和累计已预扣预缴税额，其余额为本期应预扣预缴税额。余额为负值时，暂不退税。纳税年度终了后余额仍为负值时，由纳税人通过办理综合所得年度汇算清缴，税款多退少补。

具体计算公式如下。

本期应预扣预缴税额 =(累计预扣预缴应纳税所得额 × 预扣率 - 速算扣除数)- 累计减免税额 - 累计已预扣预缴税额

累计预扣预缴应纳税所得额 = 累计收入 - 累计免税收入 - 累计减除费用 - 累计专项扣除 - 累计专项附加扣除 - 累计依法确定的其他扣除

其中：累计减除费用，按照 5000 元 / 月乘以纳税人当年截至本月在本单位的任职受雇月份数计算。"

这里面规定了个税的具体计算方法，再结合《个人所得税预扣率表一》，见图 6-3，即可以计算个税的具体数额。

级数	累计预扣预缴应纳税所得额	预扣率（%）	速算扣除数
1	不超过36000元的部分	3	0
2	超过36000元至144000元的部分	10	2520
3	超过144000元至300000元的部分	20	16920
4	超过300000元至420000元的部分	25	31920
5	超过420000元至660000元的部分	30	52920
6	超过660000元至960000元的部分	35	85920
7	超过960000元的部分	45	181920

● 图 6-3　个人所得税预扣率表一

下面举两个事例来讲解一下个税的具体计算方法。

事例一：某员工 2019 年每月应发工资为 15000 元，每月"三险一金"专项扣除为 3000 元，1 月份起享受专项附加扣除共计 3000 元，没有减免收入及减免税额等情况，以 1 ~ 3 月为例，应当按以下方法计算预扣预缴税额。

1 月份计算公式：

累计预扣预缴应纳税所得额 =15000−5000−3000−3000=4000 元。

本期应预扣预缴税额 =4000★3%=120 元。

2 月份计算公式：

累计预扣预缴应纳税所得额 =15000★2−5000★2−3000★2−3000★2=8000 元。

本期应预扣预缴税额 =8000★3%−120=120 元。

3 月份计算公式：

累计预扣预缴应纳税所得额 =15000★3−5000★3−3000★3−3000★3=12000 元。

本期应预扣预缴税额 =12000★3%−120−120=120 元。

事例二：某员工 2019 年每月应发工资为 30000 元，每月"三险一金"专项扣除为 3000 元，1 月份起享受专项附加扣除共计 3000 元，没有减免收入及减免税额等情况，以 1 ~ 3 月为例，应当按以下方法计算预扣预缴税额。

1 月份计算公式：

累计预扣预缴应纳税所得额 =30000−5000−3000−3000=19000 元。

本期应预扣预缴税额 =19000★3%=570 元。

2 月份计算公式：

累计预扣预缴应纳税所得额 =30000★2−5000★2−3000★2−3000★2=38000 元。

本期应预扣预缴税额 =38000★10%−2520−570=710 元。

3 月份计算公式：

累计预扣预缴应纳税所得额 =30000★3−5000★3−3000★3−3000★3=57000 元。

本期应预扣预缴税额 =57000★10%−2520−570−710=1900 元。

6.3 大多数 HR 的工资表设计是错误的

工资表的设计影响着工资表的阅读、核算效率、核算准确性以及数据统计便捷性等方面，因此设计一个简单、易操作、方便计算与统计的工资表是 HR 要考虑的问题。

在学习工资表设计前先来说一下工资表结构，一般来说工资表包括个人信息部分、考勤部分、工资加项部分、应发工资、工资减项部分、实发工资六方面。

● 个人信息部分

个人信息部分主要是确定工资发放给谁，包括员工编号、姓名、部门等信息，其他对工资核算和发放没有影响的信息，不建议再加入，在后期处理数据时可导入其他信息，否则会使工资表信息较多，对调整、核算、打印等操作都会带来一定影响。

● 考勤部分

考勤部分是员工当期的考勤情况，包括应出勤、实出勤、请休假、迟到、早退、加班等情况。考勤是工资核算的重要依据，建议直接放在个人信息后面。

● 工资加项部分

工资加项部分包括基本工资、岗位工资、绩效工资、计件工资、加班工资、奖金、各种津补贴、其他应发等项目，这些工资项目表现为相加的关系，它们也是应发工资的构成项目。有的公司津补贴项目很多，可以把这些津补贴放在一个工资项目中。"其他应发"项目主要是针对一些偶然的、不固定的工资项目而设置。

● 应发工资

应发工资是工资加项之和。

● 工资减项部分

工资减项部分包括"三险一金"专项扣除、缺勤免发、个税、其他代扣代缴等项目，这些工资项目表现为相减的关系。

● 实发工资

实发工资 = 应发工资 − 工资减项部分。

设计完成后的工资表结构见图 6-4。

个人信息部分			考勤部分										
员工编号	姓名	部门	应出勤	事假	病假	婚假	产假	丧假	工伤	护理假	年休假	旷工	出差	实出勤

工资加项部分				应发工资	工资减项部分							实发工资
基本工资	岗位工资	绩效工资	其他应发	应发工资	养老保险	医疗保险	失业保险	住房公积金	事假免发	其他免发	本月缴缴个税	实发工资

●图 6-4　工资表结构

工资表结构设计完成后只是完成了非常小的一部分工作。为什么会说大多数 HR 的工资表设计是错误的呢？主要是这部分 HR 设计工资表时，前述的工资表结构设计完成后便开始进行核算工资的步骤，这样做并不能提高工资核算效率、也不

能有效提升工资核算准确性。

把工资表设计成"总分表"结构的一系列工作表，可以提升工资核算效率、有效提升工资核算准确性，也能满足快速统计多期工资数据的需求。

总表是工资表，本例中将工作表命名为"工资核算表"，它通过公式得出数据，完全不需要人为操作，避免误操作的可能，见图 6-5，这个结构中加入了计算个税的一些项目，在工资表打印时是不显示的。

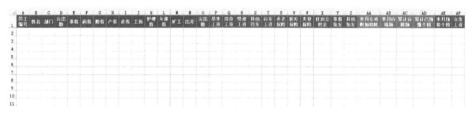

●图 6-5　工资核算表最终结构

分表是把工资表拆解成多个工作表，把数据属性相对一致的工资项目放在一个分表中，或者每月变动频次差不多的工资项目放在一个分表中，每月只需要调整分表的数据，就能得出最终的工资表，减少误操作的可能。而检查工资数据时，只需要检查各个分表的数据，减少了检查的工作量，保证了工资核算的准确性。

根据图 6-5 工资表的结构，可将分表设计成如下形式。

1. "考勤情况" 工作表

这个分表中存储内容包含两项，一项是员工信息，另一项是考勤情况，见图 6-6。

	A	B	C	D	E	F	G	H	I	J	K	L	M	N	O
1	员工编号	姓名	部门	应出勤	事假	病假	婚假	产假	丧假	工伤	护理假	年休假	旷工	出差	实出勤
2	HR00001	赵乙发	总经办	21.75										12	21.75
3	HR00005	朱春树	总经办	21.75										5	21.75
4	HR00006	向建平	总经办	21.75	1							15			5.75
5	HR00008	仲阳妃	总经办	21.75										3	21.75
6	HR00129	钱铮	总经办	21.75		2									19.75
7	HR00002	陈翠翠	财务部	21.75											21.75
8	HR00055	高宏盛	财务部	21.75											21.75
9	HR00096	殷海裕	财务部	21.75	3										18.75
10	HR00148	孙钢	财务部	21.75											21.75
11	HR00196	胡凯	财务部	21.75											21.75
12	HR00322	罗长辉	财务部	21.75	1										20.75
13	HR00011	冯美英	采购部	21.75											21.75

工资核算表　考勤情况　工资情况　其他应发　保险公积金　其他应扣 …

●图 6-6　考勤情况分表

2. "工资情况"工作表

这个分表主要是存储员工的各项工资项目，这部分工资项目相对固定，每月变动不大，见图 6-7。

	A	B	C	D	E	F	G
1	员工编号	姓名	部门	基本工资	岗位工资	绩效标准工资	
2	HR00001	赵乙发	总经办	1500	26200	11080	
3	HR00005	朱春树	总经办	1500	26200	11080	
4	HR00006	向建平	总经办	1500	16200	7080	
5	HR00008	仲阳屺	总经办	1500	16300	7120	
6	HR00129	钱铮	总经办	1500	4400	2360	
7	HR00002	陈翠翠	财务部	1500	1300	1120	
8	HR00055	高宏盛	财务部	1500	9200	4280	
9	HR00096	殷海裕	财务部	1500	1900	1360	
10	HR00148	孙钢	财务部	1500	3300	1920	
11	HR00196	胡凯	财务部	1500	2200	1480	
12	HR00322	罗长辉	财务部	1500	1500	840	
13	HR00011	冯美英	采购部	1500	2300	1520	

工资核算表　考勤情况　工资情况　其他应发 …

●图 6-7　工资情况分表

3. "其他应发"工作表

这个分表主要是存储员工临时性的工资项目，见图 6-8，特点是每月变动非常大，可以在最后一列备注是什么项目。如果涉及津补贴等部分人员享受的工资项目，可以再建一个"津补贴"工作表，奖金及其他工资加项参照操作。

	A	B	C	D	E	F
1	员工编号	姓名	部门	金额	备注	
2	HR00012	徐贤君	技术部	500	项目奖励	
3	HR00062	何洁	技术部	500	项目奖励	
4	HR00133	孙雷雨	技术部	500	项目奖励	
5	HR00166	刘水文	技术部	500	项目奖励	
6	HR00205	陆学标	技术部	500	项目奖励	
7	HR00295	陈爱山	技术部	500	项目奖励	
8	HR00039	凌兴宝	生产部	200	超产奖励	
9	HR00041	鲁碧权	生产部	200	超产奖励	
10	HR00050	王超	生产部	200	超产奖励	
11	HR00077	田俸太	生产部	200	超产奖励	
12	HR00087	卞峰	生产部	200	超产奖励	
13	HR00095	季祥	生产部	200	超产奖励	

… 考勤情况　工资情况　其他应发　保险公积金 …

●图 6-8　其他应发分表

4. "保险公积金"工作表

这个分表主要是存储员工"三险一金"情况，见图 6-9，如果有涉及补扣情况，可以在最后增加一列补扣金额。

	A	B	C	D	E	F	G
1	员工编号	姓名	部门	养老保险	医疗保险	失业保险	住房公积金
2	HR00001	赵乙发	总经办	400	100	25	500
3	HR00005	朱春树	总经办	400	100	25	500
4	HR00006	向建平	总经办	400	100	25	500
5	HR00008	仲阳屺	总经办	400	100	25	500
6	HR00129	钱铮	总经办	400	100	25	500
7	HR00002	陈翠翠	财务部	400	100	25	500
8	HR00055	高宏盛	财务部	400	100	25	500
9	HR00096	殷海裕	财务部	400	100	25	500
10	HR00148	孙钢	财务部	400	100	25	500
11	HR00196	胡凯	财务部	400	100	25	500
12	HR00322	罗长辉	财务部	400	100	25	500
13	HR00011	冯美英	采购部	400		25	500

●图 6-9　保险公积金分表

5. "其他应扣"工作表

这个分表主要是存储其他需要代扣代缴的费用明细，或者临时的代扣代缴费用，可以在最后一列备注代扣代缴的项目，见图 6-10。

	A	B	C	D	E	F
1	员工编号	姓名	部门	金额	备注	
2	HR00011	冯美英	采购部	300	代扣话费	
3	HR00083	张斌斌	采购部	300	代扣话费	
4	HR00144	王艳华	采购部	300	代扣话费	
5	HR00114	李娟华	行政部	300	代扣话费	
6	HR00126	冉明证	行政部	300	代扣话费	
7	HR00168	陈盛鑫	行政部	300	代扣话费	
8	HR00178	陈培洪	行政部	300	代扣话费	
9	HR00228	陈龙	行政部	300	代扣话费	
10	HR00118	曾玉芳	品质部	100	质量事故处罚	
11	HR00135	左海博	品质部	100	质量事故处罚	
12	HR00173	黄敏	品质部	100	质量事故处罚	
13	HR00185	王城标	品质部	100	质量事故处罚	

●图 6-10　其他应扣分表

6. "专项附加"工作表

这个分表存储员工专项附加扣除明细，见图 6-11。

	员工编号	姓名	部门	子女教育专项附加	继续教育专项附加(月)	住房贷款利息专项附加	住房租金专项附加	赡养老人专项附加	继续教育专项附加(年)	补扣专项附加	合计
1											
2	HR00001	赵乙发	总经办	1000				1000			2000
3	HR00005	朱春树	总经办								0
4	HR00006	向建平	总经办		400	1000		1000			2400
5	HR00008	仲阳妃	总经办								0
6	HR00129	钱铮	总经办	1000		1000					2000
7	HR00002	陈翠翠	财务部		400						400
8	HR00055	高宏盛	财务部	1000				1000			2000
9	HR00096	殷海裕	财务部				1000				1000
10	HR00148	孙钢	财务部	1000			1000				2000
11	HR00196	胡凯	财务部					1000			1000
12	HR00322	罗长辉	财务部				1500	1000			2500
13	HR00011	冯美英	采购部					1000			1000

保险公积金　其他应扣　专项附加

● 图 6-11　专项附加分表

6.4　一劳永逸的工资核算表公式编辑

"工资核算表"工作表是总表，它完全是由公式导入或生成数据的，假定公司规定事假免发的计算公式为 (基本工资 + 岗位工资 + 绩效工资)/21.75★(事假 + 旷工)，具体操作步骤如下。

▶ **STEP 1**：在"工资核算表"工作表标题行前插入一行，A1 单元格填充数据"核算月份"，选中 B1 单元格，单击【数据】选项卡【数据工具】功能区【数据验证】按钮，这样会弹出【数据验证】对话框。

▶ **STEP 2**：在【允许】下拉列表中选择【序列】，在【来源】文本框中输入"1,2,3,4,5,6,7,8,9,10,11,12"，见图 6-12，这代表自然年 12 个月份值，并在下拉列表中选择"1"。

● 图 6-12　数据验证条件设置

▶ **STEP 3**：在 A3 单元格输入如下公式，并向右拖动到 O 列，这个公式是把"考勤情况"工作表中的数据全部引用过来。

=INDEX(考勤情况 !A:A,ROW(2:2))

在 P3 单元格输入如下公式，并向右拖动到 R 列，这个公式是把"工资情况"

工作表中的数据通过员工编号匹配过来。

=IFERROR(VLOOKUP($A3, 工资情况 !$A:$F,4,),0)

在 S3 单元格输入如下公式，这个公式是把"其他应发"工作表中的数据通过员工编号匹配过来。

=IFERROR(VLOOKUP(A3, 其他应发 !A:D,4,0),0)

在 T3 单元格输入如下公式。

=SUM(P3:S3)

在 U3 单元格输入如下公式，并向右拖动到 X 列，这个公式是把"保险公积金"工作表中的数据通过员工编号匹配过来。

=IFERROR(VLOOKUP($A3, 保险公积金 !$A:$G,4,0),)

在 Y3 单元格输入如下公式。

=ROUND(SUM(P3:R3)/D3★(E3+M3),2)

在 Z3 单元格输入如下公式，这个公式是把"其他应扣"工作表中的数据通过员工编号匹配过来。

=IFERROR(VLOOKUP(A3, 其他应扣 !A:D,4,0),)

在 AA3 单元格输入如下公式，这个公式是把"专项附加"工作表中的数据通过员工编号匹配过来。

=IFERROR(VLOOKUP(A3, 专项附加 !A:K,11,0),)

在 AB3 单元格输入如下公式，这个公式是计算应税额。

=T3-5000-SUM(U3:AA3)

在 AC3 单元格输入如下公式，这个公式是计算累计应税额。

=IF($B$1=1,AB3,IFERROR(VLOOKUP(A3,INDIRECT(TEXT($B$1-1,"00")&"月 !A:AF"),29,0),0)+AB3)

在 AD3 单元格输入如下公式，这个公式计算上月累计个税金额。

=IFERROR(VLOOKUP(A3,INDIRECT(TEXT($B$1-1,"00")&"月 !A:AF"), 30,0),0)+IFERROR(VLOOKUP(A3,INDIRECT(TEXT($B$1-1,"00")&"月 !A: AF"), 31,0),0)

在 AE3 单元格输入如下公式，这个公式是个税计算公式。

=IF($B$1=1,ROUND(MAX(AC3★{3;10;20;25;30;35;45}%-{0;2520;16920;31920;52920;85920;181920},),2),ROUND(MAX (AC3★{3;10;20;25;30;35;45}%-{0;2520;16920;31920;52920;85920;181920} -AD3,),2))

在 AF3 单元格输入如下公式。

=ROUND(T3-SUM(U3:Z3)-AE3,2)

选中 A3:AF3 数据区域，向下拖动到最后一名员工出现，完成后见图 6-13。

核算月份	1

员工编号	姓名	部门	应出勤	事假	病假	陪假	产假	丧假	工伤	护理假	年休假	旷工	出差	实出勤	基本工资	岗位工资	绩效工资	其他应发	应发工资
HR00001	赵乙发	总经办	21.75										12	21.75	1500	26200	11080		38780
HR00005	朱春树	总经办	21.75										5	21.75	1500	26200	11080		38780
HR00006	向建平	总经办	21.75	1															
HR00008	仲阳纪	总经办	21.75																
HR00129	钱铮	总经办	21.75																
HR00002	陈翠翠	财务部	21.75																
HR00055	高宏盛	财务部	21.75																
HR00096	殷海裕	财务部	21.75	3															
HR00148	孙钢	财务部	21.75																
HR00196	胡凯	财务部	21.75																
HR00322	罗长辉	财务部	21.75	1															
HR00011	冯美英	采购部	21.75																
HR00083	张斌斌	采购部	21.75																

养老保险	医疗保险	失业保险	住房公积金	事假免发	其他免发	本月专项附加扣除	本月应税额	累计应税额	累计已预缴个税	本月预扣个税	实发工资
400	100	25	500			2000	30755	30755		922.65	36832.35
400	100	25	500				32755	32755		982.65	36772.35
400	100	25	500	1139.31		2400	15215.69	15215.69		456.47	22159.22
400	100	25	500				18895	18895		566.85	23328.15
400	100	25	500			2000	235	235		7.05	7227.95
400	100	25	500			400	-2505	-2505			2895
400	100	25	500			2000	6955	6955		208.65	13746.35
400	100	25	500	656.55		1000	-2921.55	-2921.55			3078.45
400	100	25	500			2000	-1305	-1305			5695
400	100	25	500			1000	-1845	-1845			4155
400	100	25	500	176.55		2500	-4861.55	-4861.55			2638.45
400	100	25	500		300	1000	-2005	-2005			3995
400	100	25	500		300	2400	-3645	-3645			3755

● 图 6-13　工资核算表效果

专家解析

编辑公式时，可以直接使用跨表引用把"考勤情况"工作表的数据引用过来，为什么还要使用公式"=INDEX(考勤情况!A:A,ROW(2:2))"呢？

主要是直接使用跨表引用的方式，"考勤情况"工作表的内容删除行或列后，在总表中会出现错误值，而使用公式"=INDEX(考勤情况!A:A,ROW(2:2))"不存在出现错误值的情况。

6.5　每月如何用工资核算表核算工资

工资表设计完成后，每个月应该怎么核算工资呢？最好的办法是从左至右操作各个工作表，这样核算工资时不会有遗漏，具体使用时各个工作表的必备步骤如下。

1. "工资核算表"工作表

选择工资核算月份，这是关键一步，否则个税计算将不准确。建议按发放期来选择月份，例如 1 月份核算工资并发放，在下拉列表中选择"1"，见图 6-14。

2. "考勤情况"工作表

可以通过复制或者公式导入员工的考勤情况，这个工作表中的员工将全部出

现在"工资核算表"工作表中，所以要保证这个工作表的员工数量及信息准确，同时要检查是否所有人员都出现在"工资核算表"工作表中。

3．"工资情况"工作表

工资情况一般变动不大，根据实际情况调整工资情况即可。如果绩效工资需要结合绩效得分计算，可以在这个表中进行。

4．"其他应发"工作表

这个工作表的项目可以每月删除，然后再重新输入新的内容。

5．"保险公积金"工作表

保险公积金情况一般变动不大，根据实际情况调整工资情况即可。

6．"其他应扣"工作表

这个工作表的项目可以每月删除，然后再重新输入新的内容。

7．"专项附加"工作表

专项附加扣除标准每年确定一次，一般情况除 1 月份需要调整的可能多一些，其他月份需要变动的情况比较少。

8．"工资打印表"工作表

新建一个工作表并命名为"工资打印表"，这个工作表放在工作簿第一的位置，并且设置工资表表头，这个表头可以设置多行表头，允许有合并单元格的情况出现，但一定要注意各个工资项目要与"工资核算表"工作表的工资项目一致。

工资核算完成后，选择"工资核算表"工作表第 3 行至最后一行，按组合键〈Ctrl+V〉复制，在"工资打印表"工作表中单击鼠标右键，粘贴为【值】格式，见图 6-15。

●图 6-14　工资核算表选择月份　　　●图 6-15　粘贴为值格式

然后对"工资打印表"工作表进行美化并设置打印格式，效果见图6-16。

员工编号	姓名	部门	应出勤	事假	病假	年休假	旷工	出差	实出勤	基本工资	岗位工资	绩效工资	其他应发	应发工资	养老保险	医疗保险	失业保险	住房公积金	事假免发	其他免发	本月预缴个税	实发工资
												2020年1月工资表										
HR00001	赵乙发	总经办	21.75					12	21.75	1500	26200	11080		38780	400	100	25	500			922.65	36832.35
HR00005	朱香树	总经办	21.75					5	21.75	1500	26200	11080		38780	400	100	25	500			982.65	36772.35
HR00006	向建平	总经办	21.75	1		15			5.75	1500	16200	7080		24780	400	100	25	500	1139.31		456.87	22159.22
HR00008	伴阳妃	总经办	21.75					3	21.75	1500	16300	7120		24920	400	100	25	500			566.85	23328.15
HR00129	钱锦	总经办	21.75		2				19.75	1500	4400	2360		8260	400	100	25	500			7.05	7227.95
HR00002	陈莹莹	财务部	21.75						21.75	1500	1300	1120		3920	400	100	25	500				2895
HR00055	高宏盛	财务部	21.75						21.75	1500	9200	4280		14980	400	100	25	500			208.65	13746.35
HR00096	殿海裕	财务部	21.75	3					18.75	1500	1900	1360		4760	400	100	25	500	656.55			3078.45
HR00148	孙明	财务部	21.75						21.75	1500	3300	1920		6720	400	100	25	500				5695
HR00196	胡凯	财务部	21.75						21.75	1500	2200	1480		5180	400	100	25	500				4155
HR00322	罗长辉	财务部	21.75	1					20.75	1500	1500	840		3840	400	100	25	500	176.55			2638.45
HR00011	冯英英	采购部	21.75						21.75	1500	2300	1520		5320	400	100	25	500		300		3995

● 图6-16 工资打印表最终格式

9．月度工资表存档

工资表打印完成后，不代表工资核算工作的终结，还需要建立月度工资表存档，因为这套表格是核算工资用，到下个月使用时各个工作表的数据都要变化，而且还会影响个税的计算，因此必须要建立月度工资表存档。

新建一个工作表并命名为"01月"，复制"工资核算表"工作表的第2行至最后一行，在"01月"工作表中粘贴为【值】格式。

注意，工作表命名要保证是两位的月份，如果数字不足两位的，用虚位"0"补足。

上述所有操作完成后，代表一个月的工资核算工作完成，到下月时依次再操作一遍。

6.6 用分类汇总解决工资表汇总及打印问题

前述讲的方法是把公司所有人员的工资表放在一个表中，如果按部门汇总数据并且有全公司总计数据应该如何操作？要按部门打印工资表该如何操作？

用分类汇总即可解决这些问题，具体操作步骤如下。

▷ **STEP 1**：在"工资打印表"工作表中对"部门"列进行升序或降序排序，这样同部门的人员会在一起，这是操作"分类汇总"时必备的一个步骤，按哪个维度分类汇总，就把这一列升序或降序排序。

▷ **STEP 2**：在【数据】选项卡【分级显示】功能区单击【分类汇总】，见图6-17。

● 图 6-17　分类汇总按钮

▶ **STEP 3：** 在弹出的【分类汇总】对话框中，【分类字段】选择【部门】，【汇总方式】选择【求和】，【选定汇总项】中从【应出勤】开始一直勾选到最后一项，勾选【每组数据分页】，见图 6-18，单击【确定】按钮。

完成后效果见图 6-19。

单击表格左上角的分级显示数字"2"，可以看到部门汇总的数据，见图 6-20，单击"1"可以看到整个工资表的汇总数据，单击"3"可以看到整个工资表的明细数据。也可以单击左侧的"+"或"−"来展开或折叠数据。

● 图 6-18　分类汇总操作

● 图 6-19　工资表最终效果图

● 图 6-20　查看部门汇总数据

●○ **小技巧:**

如果要按部门分页打印,在【页面布局】选项卡【页面设置】功能区选择【打印标题】,在弹出的【页面设置】对话框中将光标定位在【工作表】选项卡【顶端标题行】文本框中,选择"工资打印表"工作表的整行标题行,单击【确定】按钮,见图6-21。

●图 6-21　设置打印标题行

按组合键〈Ctrl+P〉可以预览到每个部门分页打印的效果,见图6-22。

●图 6-22　工资表预览效果

6.7 两种批量制作工资条的方法

工资条是为了让员工了解本人工资情况，可以提供纸质版工资条，也可以向员工提供电子版工资条。用 Excel 做工资条有多种方法，下面介绍两种做工资条方法：一种是通过函数快速生成工资条，另外一种是使用 Word 中的邮件合并，把工资条发送到员工邮箱中。

工资条是基于"工资打印表"工作表生成的，所以首先要取消分类汇总，在【数据】选项卡【分组显示】功能区单击【分类汇总】按钮，在弹出的【分类汇总】对话框中单击【全部删除】按钮即可取消分类汇总，见图 6-23。

● 图 6-23 取消分类汇总设置

1. 函数生成工资条

新建一个名为"工资条"的工作表，把工资表标题复制在第 1 行，在 A2 单元格输入如下公式。

=OFFSET(工资打印表 !$A$3,ROW()/3,COLUMN()-1)

选中前 3 行设置工资条格式，然后选中 A1:AF3 数据区域再向下拖动到最后一名员工的数据，即可生成全部员工的工资条，见图 6-24，再美化表格打印即可。

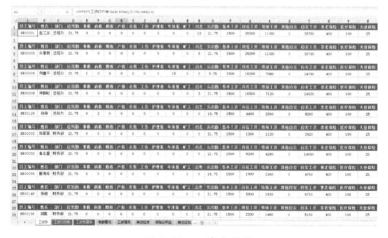

● 图 6-24 工资条效果

2. 邮件合并生成工资条

使用邮件合并发送工资条，需要有员工邮箱地址，为避免误操作，把"工资打印表"中的工资数据复制出来一份到新的工作簿"工资条数据"中，然后将员工邮箱地址导入工资表中，具体操作步骤如下。

▷▷ **STEP 1**：新建一个 Word 文档并命名为"工资条"，设置工资条表格格式，见图 6-25。

员工编号	姓名	部门	应出勤	事假	病假	婚假	产假
丧假	工伤	护理假	年休假	旷工	出差	实出勤	基本工资
岗位工资	绩效工资	其他应发	应发工资	养老保险	医疗保险	失业保险	住房公积金
事假免发	其他免发	本月专项附加扣除	本月应税额	累计应税额	累计已预缴个税	本月扣缴个税	实发工资

● 图 6-25　工资条格式

▷▷ **STEP 2**：在【邮件】选项卡【开始邮件合并】功能区【选择收件人】下拉列表中选择【使用现有列表】选项，见图 6-26。

▷▷ **STEP 3**：在弹出的【选取数据源】对话框中选择"工资条数据"工作簿，单击【打开】按钮，见图 6-27。

● 图 6-26　使用现有列表

● 图 6-27　选择数据源

▶ **STEP 4：** 将光标定位在"员工编号"下面的空表格中，单击【插入合并域】下拉列表中【员工编号】选项，见图 6-28，然后依次操作，每个空表格要与插入合并域选项一一对应。

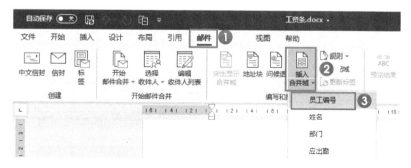

●图 6-28　插入合并域

完成后效果见图 6-29。

员工编号	姓名	部门	应出勤	事假	病假	婚假	产假
«员工编号»	«姓名»	«部门»	«应出勤»	«事假»	«病假»	«婚假»	«产假»
丧假	工伤	护理假	年休假	旷工	出差	实出勤	基本工资
«丧假»	«工伤»	«护理假»	«年休假»	«旷工»	«出差»	«实出勤»	«基本工资»
岗位工资	绩效工资	其他应发	应发工资	养老保险	医疗保险	失业保险	住房公积金
«岗位工资»	«绩效工资»	«其他应发»	«应发工资»	«养老保险»	«医疗保险»	«失业保险»	«住房公积金»
事假免发	其他免发	本月专项附加扣除	本月应税额	累计应税额	累计已预缴个税	本月预扣个税	实发工资
«事假免发»	«其他免发»	«本月专项附加扣除»	«本月应税额»	«累计应税额»	«累计已预缴个税»	«本月预扣个税»	«实发工资»

●图 6-29　邮件合并完成初步效果

单击【预览结果】按钮，效果见图 6-30。

员工编号	姓名	部门	应出勤	事假	病假	婚假	产假
HR00001	赵乙发	总经办	21.75	0	0	0	0
丧假	工伤	护理假	年休假	旷工	出差	实出勤	基本工资
0	0	0	0	0	12	21.75	1500
岗位工资	绩效工资	其他应发	应发工资	养老保险	医疗保险	失业保险	住房公积金
26200	11080	0	38780	400	100	25	500
事假免发	其他免发	本月专项附加扣除	本月应税额	累计应税额	累计已预缴个税	本月预扣个税	实发工资
0	0	2000	30755	30755	0	922.6499999999 9998	36832.349999 999999

●图 6-30　预览结果

如出现小数位数特别多的情况，可以通过设置域代码来只保留两位小数。在
"本月预扣个税"的数字上单击右键，选择【切换域代码】，在原有的代码后面
加上 "\# " 0.00 " "，见图 6-31，然后单击右键，单击【更新域】，其他数字同
样设置。

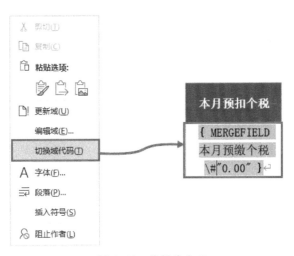

●图 6-31　编辑域代码

▷▷ **STEP 5**：在【邮件】选项卡【完成并合并】下拉列表中单击【发送电子邮件】
选项，在弹出的【合并到电子邮件】对话框的【收件人】下拉列表中选择【邮箱】，
在【主题行】文本框中输入主题，单击【确定】按钮即可发送邮件，见图 6-32。

●图 6-32　发送邮件

▪▪▪ **专家解析** ▪▪▪

OFFSET(工资打印表 !$A$3,ROW()/3,COLUMN()-1) 解析。

- OFFSET 函数返回对单元格或单元格区域中指定行数和列数的区域的引用，它的语法为 OFFSET(基准, 向下或向上偏移几行, 向左或向右偏移几列, 需要返回的引用的行高, 需要返回的引用的列宽)。OFFSET 第 2、3、4、5 个参数带有小数时，函数运行时是不考虑小数部分的。
- ROW() 是返回当前单元格的行号，COLUMN() 是返回当前单元格的列数。

整个公式以"工资打印表"工作表 A3 单元格为基准，向下偏移 ROW()/3 行，向右偏移 COLUMN()-1 列。ROW()/3 是公式向下拖动 3 行整数部分才会 +1，这样是为了保证每拖动 3 行引用"工资打印表"工作表中新的一行数据，以此来形成工资条。

6.8 12 个月工资数据如何快速汇总

全年工资数据分析时，需要把 12 个月工资数据汇总并且可以快速汇总各维度数据，这个问题对不少人来说是比较难解决的一个问题，下面讲解一下 12 个月工资数据的快速汇总方法。

▷▷ **STEP 1**：将 12 个月工资表放在一个工作簿中并命名为"2020 年工资表"。

▷▷ **STEP 2**：在新建的工作簿中【数据】选项卡【获取和转换数据】功能区【获取数据】下拉列表中依次选择【来自文件】-【从工作簿】，在弹出的【导入数据】对话框中双击"2020 年工资表 .xlsx"文件，见图 6-33。

● 图 6-33 导入数据

▷▷ **STEP 3**：在【导航器】窗口中单击【2020 年工资表 .xlsx】，然后单击【转
换数据】，见图 6-34。

● 图 6-34　转换数据

▷▷ **STEP 4**：在表格区域按住〈Shift〉键的同时选中最后三列，单击鼠标右键
选择【删除列】，见图 6-35。

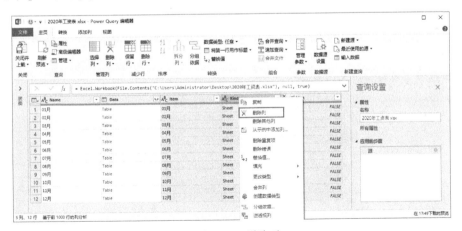

● 图 6-35　删除列

▶▶ STEP 5：单击【Data】列左上角展开图标，直接单击【确定】按钮，见图 6-36。

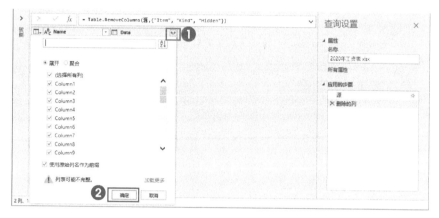

● 图 6-36　展开数据

▶▶ STEP 6：操作完成后发现第一行标题并不是表格标题，单击【转换】功能区的【将第一行用作标题】选项，见图 6-37。

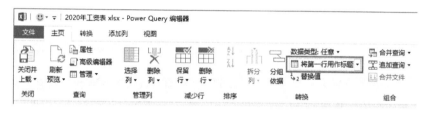

● 图 6-37　将第一行用作标题

▶▶ STEP 7：在右侧【查询设置】窗口中单击【更改的类型】前面的取消按钮，这样会把第一列的日期转换为工作表"01 月、02 月……"的形式，双击第一列标题修改为"月份"，见图 6-38。

● 图 6-38　修改数据类型

▶▶ **STEP 8**：单击【员工编号】列的筛选按钮，将"员工编号"字段前面的勾选取消，见图 6-39。

● 图 6-39　筛选数据

▶▶ **STEP 9**：在【关闭并上载】下拉列表中选择【关闭并上载至】，在弹出的【导入数据】对话框中分别选择【数据透视表】和【新工作表】，单击【确定】按钮，见图 6-40。

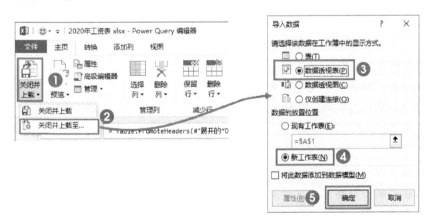

● 图 6-40　上载数据

这样会生成一个空白数据透视表，见图 6-41，数据透视表的源数据是 12 个月工资表数据，并且比工资表的工资项目多了一个【月份】字段，可以通过数据透

视表统计汇总各种数据。

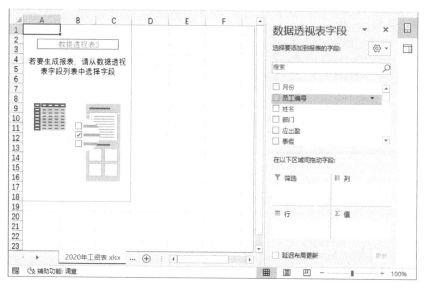

●图 6-41　空白数据透视表

6.9　工资数据都分析什么

工资数据都分析什么呢？除了通常的部门、职级、岗位等维度的对比分析外，有几个分析需要特殊注意：实际与计划的完成对比分析、人均工资对比分析、工资费用构成情况分析等，通过 6.8 节最后生成的空白数据透视表来生成数据，下面一一来讲解几种工资数据分析。

1.　实际与计划的完成对比

实际与计划的完成对比，主要是用来分析工资预算费用与实际支出的对比，下面以各部门工资预算费用与实际支出情况为例来讲解。

▷ **STEP 1:** 准备各部门工资预算与实际完成数据，数据表格见图 6-42。

部门	实际支出	预算金额	预算完成比率
生产部	248	236	105.08%
总经办	147.2	131.7	111.77%
行政部	89.6	87.1	102.87%
工艺部	79.7	71.3	111.78%
品质部	67.2	62.7	107.18%
技术部	35	41.5	84.34%
财务部	38.6	36.8	104.89%
采购部	21	24.9	84.34%
人力资源部	17.8	17.1	104.09%

单位：万元

●图 6-42　各部门实际与预算工资数据

▶▶ **STEP 2：** 选中 A3:C12 数据区域，在右下角【快速分析】选项【图表】选项卡中单击【更多图表】，在弹出的【插入图表】对话框中选择【所有图表】-【组合图】，将两个系列设置为【簇状柱形图】，并勾选"预算金额"系列的【次坐标轴】，单击【确定】按钮，见图 6-43。

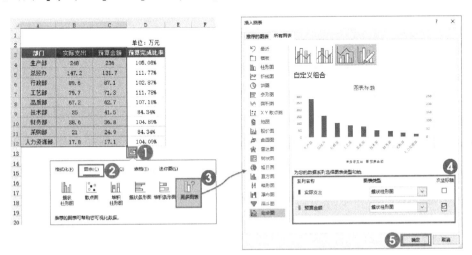

●图 6-43　插入组合图

▶▶ **STEP 3：** 双击图表的次坐标轴，在【设置坐标轴格式】窗口中将坐标轴边界【最大值】设置为 300，见图 6-44，目的是和主坐标轴最大值一致。

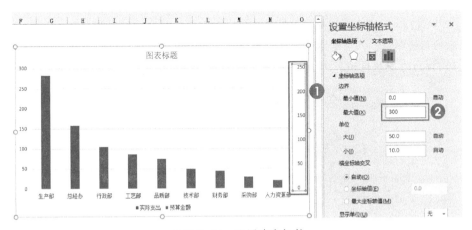

●图 6-44　设置次坐标轴

▶▶ **STEP 4：** 单击"预算金额"系列中任意一个柱形，在【设置数据系列格式】

窗口中将【间隙宽度】设置为"80%",见图6-45,同样操作将"实际支出"系列的【间隙宽度】设置为"120%"。

▸ **STEP 5**:设置"预算金额"系列柱形图【形状填充】为【无填充】,【形状轮廓】设置为一种颜色并调整粗细,设置"实际支出"系列的形状填充和形状轮廓。

▸ **STEP 6**:单击图表,然后依次单击右上角【图表元素】-【数据标签】-【数据标签外】,见图6-46。

● 图 6-45 设置间隙宽度

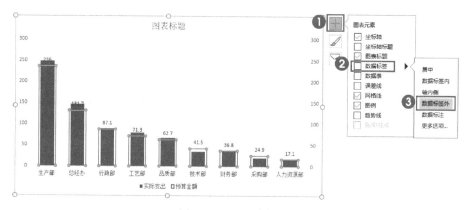

● 图 6-46 设置数据标签

▸ **STEP 7**:单击任意一个数据标签,在【设置数据标签格式】窗口中将其他内容的勾选取消,只勾选【单元格中的值】,在弹出的【数据标签区域】对话框中选择 D4:D12 数据区域,单击【确定】按钮,见图6-47。

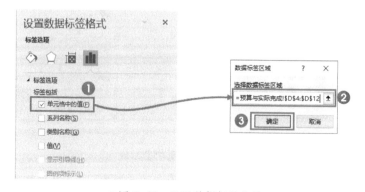

● 图 6-47 设置数据标签的值

▷ **STEP 8：** 美化图表，最终效果见图 6-48。

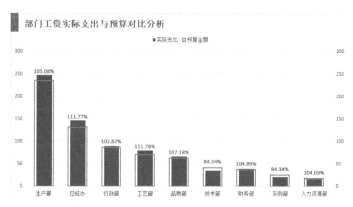

●图 6-48 实际支出与预算对比分析效果图

2. 人均工资对比分析

人均工资对比主要是分析各部门、职级、岗位等维度的人均工资高与低，除了各维度分析，一般建议把整体人均工资加入，这样会有更直观的对比。

以部门人均工资对比为例讲解，具体操作步骤如下。

▷ **STEP 1：** 准备各部门工资数据，具体表格见图 6-49。

	部门	工资总额	平均人数	平均工资	公司平均工资
					单位：元
总经办	1472096.54	5	294419.31	70198.78
技术部	349626.61	3	116542.2	70198.78
工艺部	797409.72	7	113915.67	70198.78
品质部	672378	9	74708.67	70198.78
财务部	386499	6	64416.5	70198.78
生产部	2479523.04	46	53902.67	70198.78
人力资源部	178210.44	4	44552.61	70198.78
行政部	895544.89	21	42644.99	70198.78
采购部	209782.8	5	41956.56	70198.78

●图 6-49　人均工资统计表

▷ **STEP 2：** 按住〈Ctrl〉键选中 A3:A12、D3:E12 数据区域，在【插入】选项卡【图表】功能区【插入组合图】下拉列表中选择【簇状柱形图 – 折线图】，见图 6-50。

●图 6-50　插入组合图

▶▶ **STEP 3**：单击折线最右端再单击，然后依次单击右上角【图表元素】-【数据标签】-【右】，见图 6-51。同样操作将柱形的数据标签设置为【数据标签外】。

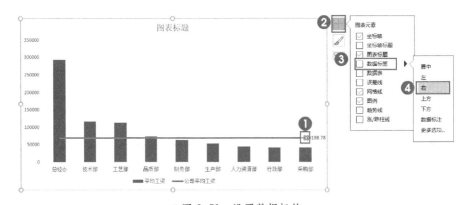

●图 6-51　设置数据标签

▶▶ **STEP 4**：按〈Delete〉键删除垂直轴和网格线，设置图表标题、图例等，美化后效果见图 6-52。

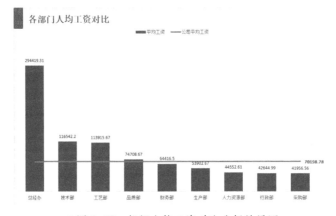

●图 6-52　部门人均工资对比分析效果图

3．工资费用构成分析

工资费用构成分析主要是分析各工资项目的构成，因为工资项目有增有减，可以使用瀑布图来分析，瀑布图是 Office 2016 版本开始新增的一个图表，可以一键生成，低于这个版本的，图表操作比较复杂，下面来讲解一下两种瀑布图的做法，使用表格见图 6-53。

	A	B
1		
2	工资项目	金额(万元)
3	基本工资	174.6
4	岗位工资	461.8
5	绩效工资	248.4
6	其他应发	5.8
7	应发工资	890.6
8	三险一金	-119.3
9	事假免发	-11.4
10	其他免发	-4.2
11	预扣个税	-11.5
12	实发工资	744.2

● 图 6-53　工资费用构成表格

● 直接生成瀑布图

▷ **STEP 1：** 选中 A2:B12 数据区域，在【插入】选项卡【图表】功能区选择【瀑布图】，见图 6-54。

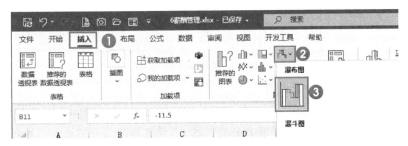

●图 6-54　插入瀑布图

▷ **STEP 2：** 在"应发工资"柱形图上面鼠标左键单击再单击，然后在右键列表中选择【设置为汇总】，见图 6-55，鼠标左键单击"实发工资"柱形图，再右键单击设置【设置为汇总】。

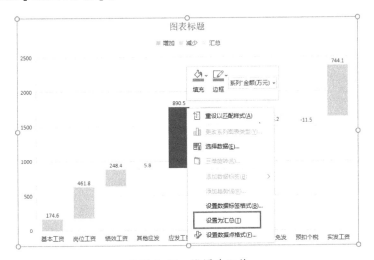

●图 6-55　设置为汇总

美化图表，完成后效果见图 6-56。

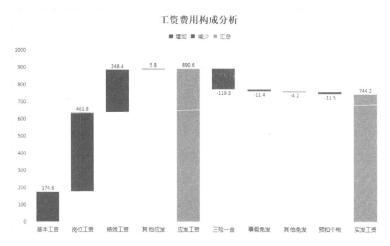

● 图 6-56 瀑布图完成效果图

● 用堆积柱形图做瀑布图

▷ **STEP 1**：设置四列辅助列，见图 6-57，工资加项放在一列，工资减项放在一列，应发工资和实发工资放在一列。在 C3 单元格输入如下公式，并向下拖动到 C6 单元格。

=SUM(C2:D2)−SUM(E3:F3)

在 C8 单元格输入如下公式，并向下拖动到 C12 单元格。

=$F$7−SUM($E$8:F8)

	A	B	C	D	E	F
1						
2	工资项目	金额(万元)	辅助列	增加	减少	合计
3	基本工资	174.6	0	174.6		
4	岗位工资	461.8	174.6	461.8		
5	绩效工资	248.4	636.4	248.4		
6	其他应发	5.8	884.8	5.8		
7	应发工资	890.5	0			890.5
8	三险一金	−119.3	771.2		119.3	
9	事假免发	−11.4	759.8		11.4	
10	其他免发	−4.2	755.6		4.2	
11	预扣个税	−11.5	744.1		11.5	
12	实发工资	744.1	0			744.1

● 图 6-57 瀑布图辅助表格

▷ **STEP 2**：按住〈Ctrl〉键选中 A2:A12、C2:F12 数据区域，在【插入】选项卡【图表】功能区【插入柱形图或条形图】下拉列表中选择【堆积柱形图】，见图 6-58。

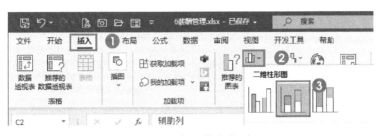

●图 6-58　插入堆积柱形图

▷ **STEP 3**：单击"辅助列"系列柱形图，将【形状填充】设置为【无填充】，这样瀑布图初步效果就出现了，见图 6-59。

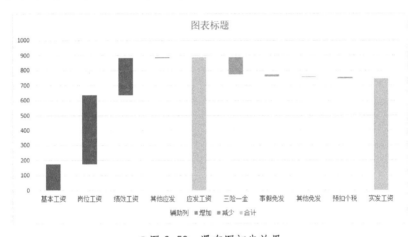

●图 6-59　瀑布图初步效果

▷ **STEP 4**：分别选中"增加、减少、合计"三个系列柱形，设置数据标签为【居中】，美化图表后效果见图 6-60。

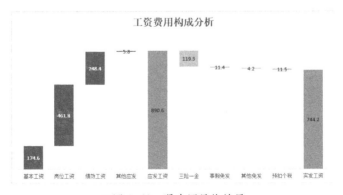

●图 6-60　瀑布图最终效果

CHAPTER

7

培训管理——
精准量化的培训效果分析

培训工作为公司战略服务，目的是提高组织和个人绩效、全面提升员工的素质。Excel在培训工作中的应用主要是存储、统计与分析数据，培训数据不仅要体现在数量上，更是要体现在质量上。本章教大家如何对培训管理中的数据进行存储、统计与分析。

7.1 无用的培训数据统计方式

在实操中，有很多培训数据统计的方式不科学或者考虑不周到，导致后期培训数据统计困难、培训数据利用有限。常见的无用培训数据统计方式如下。

1. 统计数字

统计数字是最常见的一种错误统计方式，主要是把各种情况以数字形式体现，例如当月培训了 5 次、培训了 100 人次等。一般并不是仅仅统计数字，还可能会人为计划好统计的方式，见图 7-1，统计了培训月份、培训班次、培训人次和培训费用。

月份	培训班次	培训人次	培训费用
1月	15	216	32000
2月	21	303	45000
3月	27	296	25000

● 图 7-1 无效培训数据统计方式

这种统计方式看不到数字背后的信息，只能按照固定的模式统计数据，因为统计方式的限制，导致数据分析或者需要详细信息时作用太小。例如要查看 1 月份 15 次培训分别培训了哪些内容、分别有哪些人参加培训、培训费用花费在了什么地方；或者统计 1 ～ 3 月份技术培训有哪些、参训人员有哪些人等，这些信息没办法统计。

2. 数据统计不规范

数据统计不规范有很多种情况，例如日期格式不规范、多种数据类型混用等。在实操中把多个信息放在一个单元格的情况是比较多的，见图 7-2 即为将多个培训人员姓名放在一个单元格中的情况。

培训时间	培训班名称	培训讲师	培训人数
2020-1-5	电子元器件知识	张永亮	戴冰、任元成、李书钦、刘静、蒲胜利、袁绍全、刘晓丽、何宪光
2020-2-6	现代生产的物料控制	戴冰	郝增榜、张玉、刘小伟、吴婷婷、刘天龙、刘政芳、赵芳辉、孙湖伟、陈永花、杨伟、王成树
2020-3-6	企业员工行为标准	张辉	李雪红、董胜军、王志明、刘广瑞、石发娟、曲进、徐云霞

● 图 7-2 多个姓名放在一个单元格中

数据统计不规范会造成后期数据统计困难，需要先规范数据格式再去汇总分析，如果对 Excel 技能掌握不熟练，数据统计分析工作会非常困难。

3. 数据统计不全

培训数据统计不全主要是由于自身统计表格限制、提前设计数据汇总分析角度、对培训工作掌握不全面、不知道数据如何利用等原因造成的，前期因为没有将

一些数据统计到，后期需要时发现再去统计非常困难，导致一些工作不能继续推进。

大多 HR 并不会一次性将数据统计完整，除了对工作掌握的程度，还会有公司现实情况、统计方式和手段的限制，需要长期的实践才能把数据统计越来越全面、越来越便捷。

7.2 培训信息统计中必备的四个表格

从流程来说，培训工作有培训需求与计划、培训组织与实施、培训结果与评估等步骤。从培训的各个主体来看，有培训班次、培训人员、培训讲师、培训费用等。要统计这些培训信息，一个表格是不行的，需要多个表格才能实现，可以分为以下几个表格来统计培训信息：

- 年度培训计划表：主要统计年度培训计划情况。
- 培训班统计表：主要是统计培训班主题、培训时间、培训形式、培训讲师、培训人次、培训费用等信息。
- 培训费用统计表：主要统计各个培训班次所花费的各项费用。
- 员工培训情况统计表：主要统计员工参训情况和考核情况。

1. 年度培训计划表

具体操作步骤如下。

▷ **STEP 1**：新建一个工作簿并命名为"培训管理"，工作表命名为"年度培训计划表"，设置标题和格式，见图 7-3。

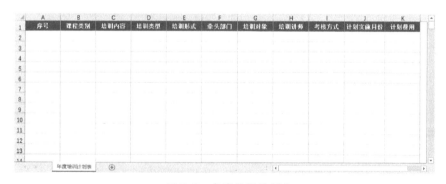

● 图 7-3　年度培训计划表

▷ **STEP 2**：新建一个工作表并命名为"序列"，在工作表中输入内容，见图 7-4，这些内容是为了通过数据验证功能设置成下拉菜单，在输入数据时能统一规范。

● 图 7-4　序列工作表

▶ STEP 3：在"年度培训计划表"中选择 B2 单元格，在【数据】选项卡【数据工具】功能区单击【数据验证】按钮，打开【数据验证】对话框，在【允许】下拉菜单选择【序列】，光标定位在【来源】文本框中单击"序列"工作表，选择"序列"工作表中 A2:A7 数据区域，或者在【来源】文本框直接输入"= 序列 !$A$2:$A$7"，单击【确定】按钮，见图 7-5。

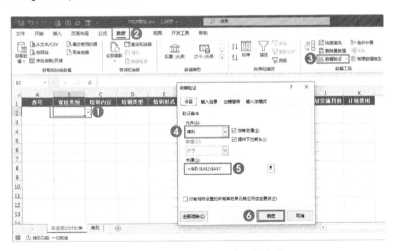

● 图 7-5　设置课程类别下拉菜单

同样操作，将"培训类型""培训形式""牵头部门"三列分别设置下拉菜单。选中 A2:K2 数据区域，向下拖动可以复制设置的格式。

▶ STEP 4：根据年度培训需求调查、组织绩效分析等情况，将下一年度的培训计划列出填入"年度培训计划表"中，见图 7-6。

序号	课程类别	培训内容	培训类型	培训形式	牵头部门	培训对象	培训讲师	考核方式	计划实施月份	计划费用
1	管理技能类	会计知识培训	内部讲师内部培训	课堂讲授	财务部	会计人员	财务经理	笔试	1月	700
2	管理技能类	ERP任采程目处理	内部讲师内部培训	课堂讲授	财务部	会计人员	ERP主管	面试	1月	600
3	生产管理类	加工原材料不良控制方法	内部讲师内部培训	现场示范	采购部	采购部全体	生产经理	实操	1月	500
4	管理技能类	采购人员的雕造与培育	内部讲师内部培训	课堂讲授	采购部	采购部全体	采购经理	笔试	1月	400
5	技术研发类	新产品技术展开	内部讲师内部培训	课堂讲授	工艺部	工艺及技术研发人员	工艺经理	笔试	1月	500
6	管理技能类	行政文秘人员应有的工作态度	内部讲师内部培训	课堂讲授	行政部	行政部全体人员	行政经理	笔试	1月	600
7	质量管理类	富量工序控制方法	内部讲师内部培训	课堂讲授	品质部	品质部全体	品质经理	实操	1月	100
8	质量管理类	产品检验标准	内部讲师内部培训	现场示范	品质部	品质部全体	品质经理	实操	1月	400
9	通用管理类	人力资源管理的系统建设	内部讲师内部培训	课堂讲授	人力部	人力资源部全体人员	人力资源经理	笔试	1月	400
10	生产管理类	SMT编程知识	内部讲师内部培训	课堂讲授	生产部	SMT车间全体员工	生产主管	实操+笔试	1月	700
11	生产管理类	电子元器件知识	内部讲师内部培训	课堂讲授	生产部	生产部全体员工	工艺工程师	笔试	1月	200
12	生产管理类	现代生产的物料控制	内部讲师内部培训	课堂讲授	生产部	生产主管、组长、物料员、库管员	生产经理	实操	1月	600
13	通用管理类	组织协同与战略决策	外部讲师内部培训	课堂讲授	人力资源部	主管以上人员	外创讲师	笔试	1月	12000
14	通用管理类	倾听与询问能力训练	外部讲师内部培训	课堂讲授	人力资源部	全体管理人员	外创讲师	笔试	1月	10000
15	通用管理类	部属培育与激励管理艺术	外部讲师外部培训	课堂讲授	人力资源部	主管以上人员	外创讲师	笔试	1月	15000
16	管理技能类	现代市场营销服务管理	内部讲师内部培训	课堂讲授	销售部	销售人员	销售经理	面试	1月	300

●图 7-6　年度培训计划表完成后效果

2. 培训班统计表

培训工作参照年度培训计划但并非完全按照年度培训计划，因为有临时增加的培训，也有计划好的培训被取消。需要用培训班统计表来统计每次培训后的各种信息，以便统计分析数据。

培训班统计表中，要把每一个培训主题进行编号，培训班编号是为了形成唯一值，同时便于检索。一般情况下不能用纯数字，本例中以"4 位年份 +T+3 位顺序号"来设计培训编号。

具体操作步骤如下。

▷ **STEP 1**：在"培训管理"工作簿中新建一个工作表并命名为"培训班统计表"，在第一行填充列标题并美化表格，完成后见图 7-7。

▷ **STEP 2**：根据前述内容"课程类别""培训类型""培训形式""牵头部门"四列分别设置下拉菜单。

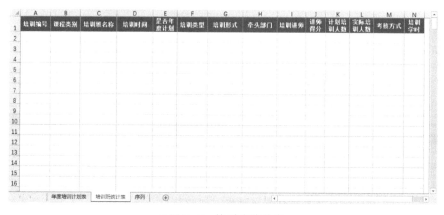

培训编号	课程类别	培训班名称	培训时间	是否年度计划	培训类型	培训形式	牵头部门	培训讲师	讲师得分	计划培训人数	实际培训人数	考核方式	培训学时

●图 7-7　培训班统计表

E 列设置下拉菜单时，在【来源】文本框输入"是,否"，见图 7-8，注意逗号为英文格式。这是另外一种做下拉菜单的方法，即直接在文本框中输入内容。

这只是设置了第 2 行的下拉菜单，选中 A2:N2 数据区域，向下拖动可以将设置的格式复制。

▶ **STEP 3**：每次培训班结束后，将培训班的信息输入到此表格中，本例中直接输入 2020 年全年的培训班数据，完成后见图 7-9。

●图 7-8　设置是否年度计划下拉菜单

●图 7-9　培训班统计表完成效果图

3. 培训费用统计表

培训费用统计表用来统计培训过程中产生的各种费用，一般包括培训讲师费、教材费、差旅费、培训设施费、办公后勤费等。

- 培训讲师费：支付给内部和外部讲师的津贴或课酬。
- 教材费：培训用教材产生的费用。
- 差旅费：支付给参加培训人员或者讲师的差旅费用。
- 培训设施费：培训用场地的租赁、投影设备的购买或租赁等费用。
- 办公后勤费：培训用办公后勤费用，如调查表、笔、笔记本等。

培训费用统计表根据培训班来分类统计，可以通过培训编号与培训班统计表或其他表格来产生联系，具体操作步骤如下。

▶ **STEP 1**：在"培训管理"工作簿中新建一个工作表并命名为"培训费用统计表"，在第一行填充列标题并美化表格，完成后见图 7-10。

● 图 7-10　培训费用统计表

▷▷ **STEP 2**：在"序列"工作表中增加一列内容，标题为"培训费用明细"，项目为培训讲师费、教材费、差旅费、培训设施费和办公后勤费，见图 7-11。

● 图 7-11　序列工作表增加内容

选择 C2 单元格，用数据验证制作下拉菜单，见图 7-12。

▷▷ **STEP 3**：根据培训编号可以从"培训班统计表"中导入培训班名称，不用再手动输入，在 B2 单元格编辑如下公式。

=IFERROR(VLOOKUP(A2, 培训班统计表 !A:C,3,0),"")

如果需要下面的行有公式和设置的下拉菜单，可以通过向下拖动上面一行来实现。

▷▷ **STEP 4**：每次培训班结束后，把产

● 图 7-12　设置项目明细下拉菜单

生的各项培训费用输入到表格中，本例将 2020 年全年的数据全部输入进去，见图 7-13。

	A	B	C	D	E
1	培训编号	培训班名称	项目明细	发生日期	金额
2	2020T001	电子元器件知识	办公后勤费	2020-1-3	250
3	2020T001	电子元器件知识	教材费	2020-1-3	840
4	2020T001	电子元器件知识	培训讲师费	2020-1-3	480
5	2020T002	现代生产的物料控制	办公后勤费	2020-1-6	200
6	2020T002	现代生产的物料控制	教材费	2020-1-6	260
7	2020T002	现代生产的物料控制	培训讲师费	2020-1-6	400
8	2020T003	企业员工行为标准	办公后勤费	2020-1-6	190
9	2020T003	企业员工行为标准	教材费	2020-1-6	160
10	2020T003	企业员工行为标准	培训讲师费	2020-1-6	80
11	2020T004	ERP往来账目处理	办公后勤费	2020-1-7	140
12	2020T004	ERP往来账目处理	教材费	2020-1-7	60

◎ 图 7-13　培训费用统计表最终效果图

4. 员工培训情况统计表

员工培训情况统计表用来统计员工参加了哪些培训课程、考核成绩如何等信息，通过这个表的信息，还可以建立员工培训档案，可以说这个表是建立员工培训档案的关键。

假定培训考核成绩与考核结果的关系见图 7-14。

考核成绩	考核结果
成绩>=90	优秀
80<=成绩<90	良好
60<=成绩<80	一般
成绩<60	不合格

◎ 图 7-14　考核成绩与考核结果关系

具体操作步骤如下。

▶ **STEP 1：** 在"培训管理"工作簿中新建一个工作表并命名为"员工培训情况表"，在第一行填充列标题并美化表格，完成后见图 7-15。

	A	B	C	D	E	F
1	员工编号	姓名	培训编号	培训班名称	考核成绩	考核结果
2						
3						
4						
5						
6						
7						
8						
9						
10						
11						
12						

◎ 图 7-15　员工培训情况表

▷ **STEP 2**：培训班名称根据培训编号从"培训班统计表"中自动导入，考核结果根据考核成绩自动得出结果，在 D2、F2 单元格分别输入如下公式。

=IFERROR(VLOOKUP(C2,培训班统计表!A:C,3,0),"")

=VLOOKUP(E2,{0,"不合格";60,"一般";80,"良好";90,"优秀"},2,1)

把上面一行向下拖动即可复制公式。

▷ **STEP 3**：每次培训班结束将员工情况填入表格中，本例中把 2020 年全年数据填入表格，完成后见图 7-16。

	A	B	C	D	E	F
1	员工编号	姓名	培训编号	培训班名称	考核成绩	考核结果
2	HR0009	蕙冰	2020T001	电子元器件知识	96	优秀
3	HR0013	任元成	2020T001	电子元器件知识	62	一般
4	HR0018	李书钦	2020T001	电子元器件知识	78	一般
5	HR0026	刘静	2020T001	电子元器件知识	80	良好
6	HR0028	薄胜利	2020T001	电子元器件知识	91	优秀
7	HR0030	袁绍全	2020T001	电子元器件知识	94	优秀
8	HR0047	刘晓丽	2020T001	电子元器件知识	70	一般
9	HR0059	何宪光	2020T001	电子元器件知识	79	一般
10	HR0060	张远方	2020T001	电子元器件知识	89	良好
11	HR0069	郝增榜	2020T001	电子元器件知识	73	一般
12	HR0071	张玉	2020T001	电子元器件知识	97	优秀

员工培训情况表　序列

●图 7-16　员工培训情况表最终效果图

7.3 培训计划完成率多维度分析

培训计划完成率可以从部门、时间、职级、岗位等维度进行统计分析，计算公式如下。

培训计划完成率 = 实际培训班次 / 计划培训班次 ★ 100%

本例中以部门和时间维度分析来讲解表格统计方法和图表使用。

1. 部门维度培训计划完成率统计与分析

具体操作步骤如下。

▷ **STEP 1**：新建名为"培训计划完成率分析"的工作表并设计表格，见图 7-17。

	A	B	C	D	E
1	部门	培训计划次数	实际培训次数	培训计划完成率	公司培训计划完成率
2	财务部				
3	采购部				
4	工艺部				
5	行政部				
6	品质部				
7	人力资源部				
8	生产部				
9	销售部				
10	设备部				
11	技术部				

●图 7-17　新建培训计划完成率分析工作表

▷▷ STEP 2：在 B2 单元格输入如下公式。

=COUNTIF(年度培训计划表 !F:F,A2)

在 C2 单元格输入如下公式。

=COUNTIFS(培训班统计表 !H:H,A2, 培训班统计表 !E:E,"是")

在 D2 单元格输入如下公式。

=ROUND(C2/B2,3)

在 E2 单元格输入如下公式。

=ROUND(SUM($C$2:$C$11)/SUM($B$2:$B$11),3)

选中 B2:E2 数据区域，向下填充公式。

▷▷ STEP 3：将 D 列按照降序排序，按住〈Ctrl〉键选择 A1:A11，D1:E11 数据区域，在【插入】选项卡【图表】功能区【插入组合图】下拉列表中选择【簇状柱形图 - 折线图】，见图 7-18。

●图 7-18　插入组合图

▷▷ STEP 4：在折线最右端双击，依次单击右上角【图表元素】-【数据标签】-【右】，见图 7-19。同样操作将柱形的数据标签设置为【数据标签外】。

▷▷ STEP 5：按〈Delete〉键删除垂直轴和网格线，设置图表标题、图例等，美化后效果见图 7-20。

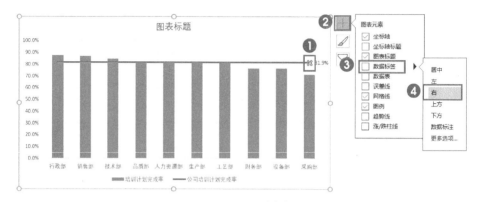

● 图 7-19　设置数据标签

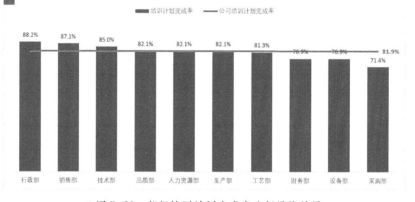

● 图 7-20　部门培训计划完成率分析最终效果

2. 时间维度培训计划完成率统计与分析

具体操作步骤如下。

▷ **STEP 1**：新建"培训计划完成率分析"工作表并设计表格，见图 7-21。

▷ **STEP 2**：在 J2 单元格输入如下公式。

=COUNTIF(年度培训计划表 !J:J,I2)

在 K2 单元格输入如下公式。

=SUMPRODUCT((MONTH(培训班统计表 !$D$2:$D$233)&" 月 "=I2)*(培训班统计表 !$E$2:$E$233=" 是 "))

在 L2 单元格输入如下公式。

=ROUND(K2/J2,3)

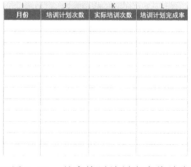

● 图 7-21　月度培训计划完成统计表

选中 J2:L2 数据区域,向下填充公式。

▷ **STEP 3**:按住〈Ctrl〉键选择 I1:I11,K1:L11 数据区域,在【插入】选项卡【图表】功能区【插入组合图】下拉列表中选择【创建自定义组合图】,见图 7-22。

●图 7-22　插入组合图

▷ **STEP 4**:在【插入图表】对话框中,【实际培训次数】系列的图表类型选择【簇状柱形图】,【培训计划完成率】系列的图表类型选择【带数据标记的折线图】,并勾选【次坐标轴】复选框,见图 7-23。

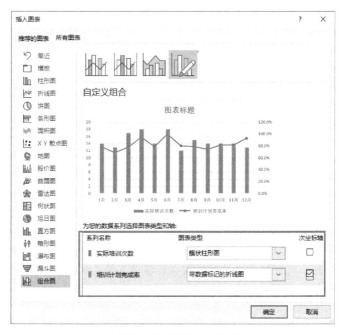

●图 7-23　设置组合图表

▷ **STEP 5**：双击图表垂直轴，在右侧【设置坐标轴格式】窗口中设置坐标轴【最大值】为 36，设置【标签位置】为【无】，见图 7-24。单击次坐标轴垂直轴，将【标签位置】设置为【无】。

▷ **STEP 6**：单击折线图标记，在右侧【设置数据系列格式】窗口中选择【填充与线条】标签下的【标记】，设置标记为圆形且大小为 30，填充颜色选择【纯色填充】，并在【颜色】下拉列表中选择【白色】，【边框】选择【实线】，颜色会自动调整为折线颜色，见图 7-25。

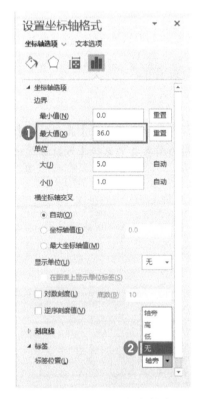

●图 7-24　设置坐标轴格式

●图 7-25　设置标记

▷ **STEP 7**：单击折线图，依次单击右上角【图表元素】-【数据标签】-【居中】，见图 7-26。同样操作将柱形的数据标签设置为【数据标签内】。

▷ **STEP 8**：美化图表最终效果见图 7-27。

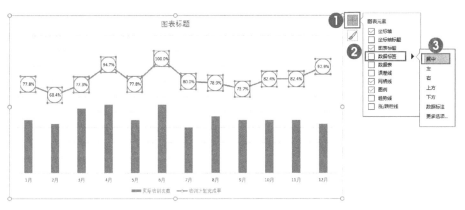

● 图 7-26 设置数据标签

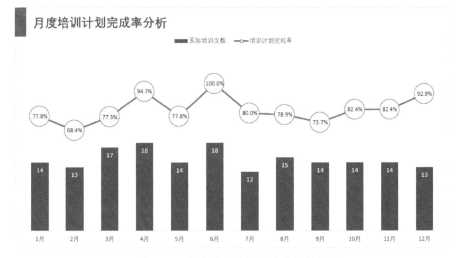

● 图 7-27 月度培训计划完成率最终效果

专家解析

SUMPRODUCT((MONTH(培训班统计表 !$D$2:$D$233)&"月"=I2)*(培训班统计表 !$E$2:$E$233="是")) 解析。

这个公式用来统计 D2:D233 数据区域等于 I2 单元格的月份并且 E2:E233 数据区域中为"是"的单元格的数量。

7.4 总分结构的培训班数量图表分析

培训班数量统计分析主要是分析各个维度培训班的数量情况，如以部门、时间、培训类型、培训形式等维度来分析。也可以进行交叉分析，如部门 – 培训类型、时间 – 培训形式等。

本例以部门 – 培训形式交叉分析来讲解培训班数量统计分析，具体操作步骤如下。

▷ **STEP 1**：光标定位在"培训班统计表"工作表中任意一个单元格，在【插入】选项卡【表格】功能区单击【数据透视表】，弹出【创建数据透视表】对话框后单击【确定】按钮，见图 7-28。

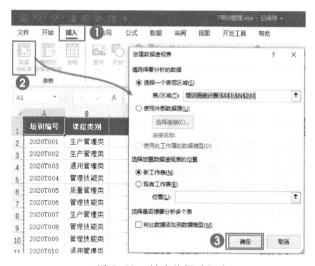

● 图 7-28 创建数据透视表

▷ **STEP 2**：在生成的数据透视表中，将【是否年度计划】字段拖动到【列】区域、将【牵头部门】字段拖动到【行】区域、将【培训编号】字段拖动到【值】区域，见图 7-29。

▷ **STEP 3**：新建名为"培训班数量分析"的工作表，将数据透视表内容复制到新工作表中，对总计进行降序排序，美化表格后见图 7-30。

● 图 7-29　统计数据

	A	B	C	D
1	部门	计划内培训	计划外培训	总计
2	人力资源部	23	16	39
3	销售部	27	8	35
4	品质部	23	7	30
5	生产部	23	7	30
6	技术部	17	5	22
7	采购部	15	4	19
8	行政部	15	2	17
9	工艺部	13	3	16
10	财务部	10	2	12
11	设备部	10	2	12

● 图 7-30　部门培训数量统计

▷▷ **STEP 4**：选择 A1:D11 数据区域，在【插入】选项卡【图表】功能区【插入组合图】下拉列表中选择【创建自定义组合图】，在【插入图表】对话框中，将【计划内培训】和【计划外培训】两个系列的图表类型选择为【堆积柱形图】，将【总计】系列的图表类型选择为【折线图】，见图 7-31。

▷▷ **STEP 5**：选择折线图，设置数据标签为【上方】，设置【形状轮廓】为【无轮廓】，其余两个系列数据标签设置为【居中】。

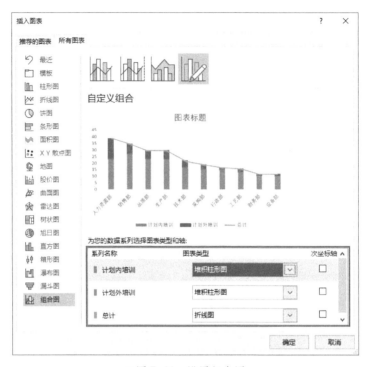

●图 7-31 设置组合图

▶ STEP 6：删除垂直轴、网格线，单击图例中"总计"字段，然后再单击一次，按〈Delete〉键删除"总计"的图例，美化图表效果见图 7-32。

各部门培训数量分析

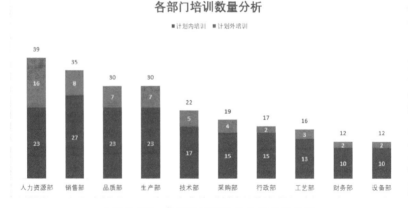

●图 7-32 各部门培训数量分析最终效果

7.5 用柱形和折线图分析培训人次和培训学时

培训要有效果，参训次数和培训学时就必须有数量的保证，因此培训人次和培训学时的统计分析也是非常有必要的。培训人次和培训学时的分析，可以从部门、职级、岗位等维度来进行，本例中来分析平均培训人次和人均培训学时，计算公式如下。

平均培训人次 = 培训总人次 / 平均人数

人均培训学时 = 培训总学时 / 平均人数

具体操作步骤如下。

▷▷ **STEP 1**：按住〈Ctrl〉键，按住鼠标左键向左或向右拖动"员工培训情况表"工作表标签，将生成"员工培训情况表（2）"工作表，重命名为"辅助表"。

准备好员工信息数据，本例中直接将员工信息和"辅助表"放在一个工作簿中，在 B 列后面插入一列，列标题为"部门"，在 C2 单元格中输入如下公式，并向下填充。

=VLOOKUP(A2, 员工信息 !A:C,3,0)

在 H1 单元格输入"培训学时"，在 H2 单元格输入如下公式，并向下填充。

=VLOOKUP(C2, 培训班统计表 !A:N,14,0)

完成后见图 7-33。

	A	B	C	D	E	F	G	H
1	员工编号	姓名	部门	培训编号	培训项名称	考核成绩	考核结果	培训学时
2	HR0009	戴冰	生产部	2020T001	电子元器件知识	96	优秀	6
3	HR0013	任元成	生产部	2020T001	电子元器件知识	62	一般	6
4	HR0018	李书钦	生产部	2020T001	电子元器件知识	78	一般	6
5	HR0026	刘静	生产部	2020T001	电子元器件知识	80	良好	6
6	HR0028	薄胜利	生产部	2020T001	电子元器件知识	91	优秀	6
7	HR0030	袁绍全	生产部	2020T001	电子元器件知识	94	优秀	6
8	HR0047	刘晓丽	生产部	2020T001	电子元器件知识	70	一般	6
9	HR0059	何宪光	生产部	2020T001	电子元器件知识	79	一般	6
10	HR0060	张远方	生产部	2020T001	电子元器件知识	89	良好	6
11	HR0069	郝增榜	生产部	2020T001	电子元器件知识	73	一般	6
12	HR0071	张玉	生产部	2020T001	电子元器件知识	97	优秀	6
13	HR0076	刘小伟	生产部	2020T001	电子元器件知识	91	优秀	6
14	HR0077	吴婷婷	生产部	2020T001	电子元器件知识	89	良好	6

● 图 7-33　辅助表效果

▷▷ **STEP 2**：新建名为"培训人次和培训学时分析"的工作表，然后新建两个表格，见图 7-34。

部门	培训总人次	平均人数	平均培训人次	公司平均培训人次		部门	培训总学时	平均人数	平均培训学时	公司平均培训学时
人力资源部						人力资源部				
销售部						销售部				
品质部						品质部				
生产部						生产部				
技术部						技术部				
采购部						采购部				
行政部						行政部				
工艺部						工艺部				
财务部						财务部				
设备部						设备部				

●图 7-34　新建空白表格

▶ **STEP 3**：在两个表格中输入各部门的全年平均人数，在 B2 单元格输入如下公式并向下填充。

=COUNTIF(辅助表 !C:C,A2)

在 D2 单元格输入如下公式并向下填充。

=ROUND(B2/C2,1)

在 E2 单元格输入如下公式并向下填充。

=ROUND(SUM($B$2:$B$11)/SUM($C$2:$C$11),1)

在 H2 单元格输入如下公式并向下填充。

=SUMIF(辅助表 !C:C,G2, 辅助表 !H:H)

在 J2 单元格输入如下公式并向下填充。

=ROUND(H2/I2,1)

在 K2 单元格输入如下公式并向下填充。

=ROUND(SUM($H$2:$H$11)/SUM($I$2:$I$11),1)

▶ **STEP 4**：对 D 列进行降序排序，按住〈Ctrl〉键选中 A1:A11、D1:E11 数据区域，插入【簇状柱形图 –折线图】组合图，美化后见图 7-35。

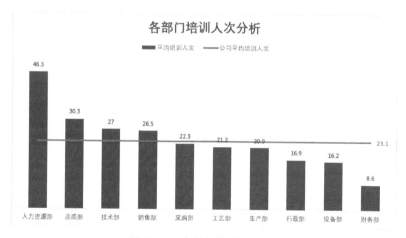

●图 7-35　各部门培训人次分析

186

同样操作生成各部门人均培训学时分析图表，见图 7-36。

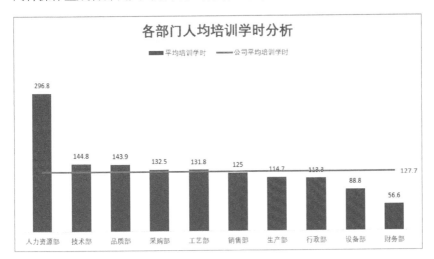

● 图 7-36　各部门人均培训学时分析

7.6　培训成本多维度数据统计与分析

培训成本分析主要是分析培训费用花在哪些地方、实际培训费用和预算费用的对比、培训费用有没有产生实际效果等。本例中以培训成本构成、实际培训费用和预算费用的对比来讲解培训成本的统计与分析。

1. 培训成本项目构成分析

具体操作步骤如下。

▷ **STEP 1：** 光标定位在"培训费用统计表"工作表中任意一个单元格，在【插入】选项卡【表格】功能区单击【数据透视表】，弹出【创建数据透视表】对话框后单击【确定】按钮，生成空白数据透视表后将【项目明细】字段拖动到【行】区域、将【金额】字段拖动到【值】区域两次，见图 7-37。

▷ **STEP 2：** 在 C3:C9 数据区域任意一个单元格单击鼠标右键，依次选择【值显示方式】-【总计的百分比】，见图 7-38。

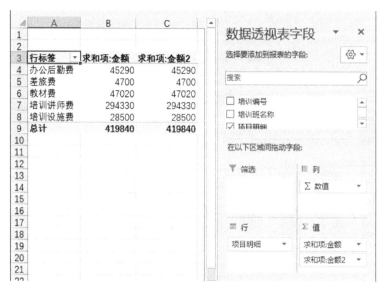

●图 7-37　设置数据透视表

▶▶ **STEP 3**：新建名为"培训成本分析"的工作表，将数据透视表内容复制过来并美化表格，效果见图 7-39。

●图 7-38　总计的百分比

	A	B	C
1	费用项目	金额	占比
2	办公后勤费	45290	10.8%
3	差旅费	4700	1.1%
4	教材费	47020	11.2%
5	培训讲师费	294330	70.1%
6	培训设施费	28500	6.8%
7	总计	419840	100.0%

●图 7-39　培训成本统计表格

▶▶ **STEP 4**：鼠标从 C2 开始向 A6 拖动，选择 A2:C6 数据区域，进行降序排序，然后选择 A1:C6 数据区域，插入组合图中的【簇状柱形图 - 次坐标轴上的折线图】，完成后见图 7-40。

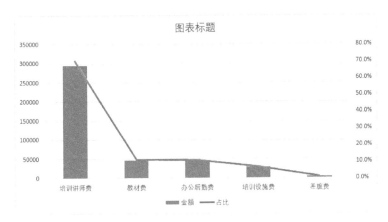

●图 7-40　插入组合图

▷ **STEP 5**：美化图表，最终效果见图 7-41。

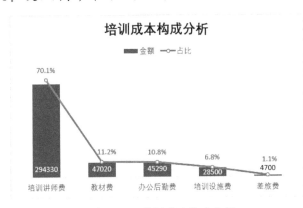

●图 7-41　培训成本构成分析

2. 实际培训费用和预算费用对比分析

实际培训费用和预算费用对比分为按部门、时间、培训类型、培训形式、费用项目等维度来分析。本例以时间维度进行分析，具体操作步骤如下。

▷ **STEP 1**：在 E1:H14 数据区域建立空白表格，见图 7-42。

▷ **STEP 2**：在 F2 单元格输入如下公式。

=SUMPRODUCT((MONTH(培训费用统计表 !$D$2:$D$699)&" 月 "= E2)★ 培

月份	实际花费	预算费用	预算完成
1月			
2月			
3月			
4月			
5月			
6月			
7月			
8月			
9月			
10月			
11月			
12月			

●图 7-42　培训实际费用与预算费用统计表

训费用统计表 !$E$2:$E$699)

在 G2 单元格输入如下公式。

=SUMIF(年度培训计划表 !J:J,E2, 年度培训计划表 !K:K)

在 H2 单元格输入如下公式。

=ROUND(F2/G2,3)

选中 F2:H2 向下填充公式。

▶ **STEP 3**：选中 E1:G13 数据区域，插入组合图，将【实际花费】和【预算费用】两个系列都设置为【簇状柱形图】，勾选【实际花费】的【次坐标轴】复选框，见图 7-43。

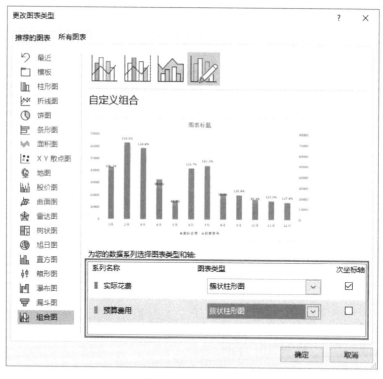

●图 7-43　设置组合图

▶ **STEP 4**：双击垂直轴，在右侧【设置坐标轴格式】窗口中，将【最大值】设置成与次坐标轴垂直轴最大值一样的数值，见图 7-44。

▶ **STEP 5**：单击"预算费用"系列任意一个柱形，将右侧【设置数据系列格式】窗口中的【间隙宽度】设置为 60%，见图 7-45，将"实际花费"系列【间隙宽度】

设置为 180%。

●图 7-44　设置坐标轴最大值

●图 7-45　设置间隙宽度

▷▷ **STEP 6**：单击"实际花费"系列任意一个柱形，设置数据标签为【数据标签外】，单击数据标签，在右侧【设置数据标签格式】窗口中只选择【单元格中的值】，在弹出的【数据标签区域】对话框中选择 H2:H13 数据区域，单击【确定】按钮，见图 7-46。

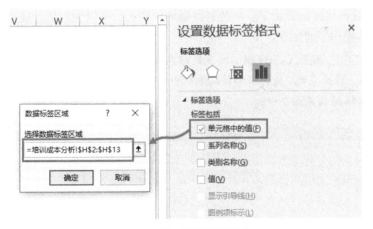

●图 7-46　设置数据标签

▷▷ **STEP 7**：美化图表，最终效果见图 7-47。

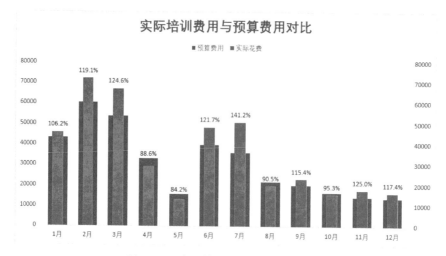

●图 7-47　实际培训费用与预算费用对比

快速生成员工培训档案

员工培训档案记录员工参加过的每场培训情况，可以实时统计或者每年统计一次，具体操作步骤如下。

▷▷ **STEP 1**：按住〈Ctrl〉键，按住鼠标左键向左或向右拖动"员工培训情况表"工作表标签，将生成的"员工培训情况表（2）"工作表重命名为"培训档案辅助表"，重新调整表格结构见图 7-48。

	A	B	C	D	E	F	G	H	I	J	K	L	M	N	O	P	Q	R
1	员工编号	姓名	部门	岗位	性别	学历	入职时间	培训编号	培训课名称	考核成绩	考核结果	培训时间	培训类型	培训形式	牵头部门	培训讲师	考核方式	培训学时
2	HR0009	戴冰						2020T001	电子元器件知识	96	优秀							
3	HR0013	任元戚						2020T001	电子元器件知识	62	一般							
4	HR0018	李书秋						2020T001	电子元器件知识	78	一般							
5	HR0026	刘静						2020T001	电子元器件知识	80	良好							
6	HR0028	蒲胜利						2020T001	电子元器件知识	91	优秀							
7	HR0030	袁绍全						2020T001	电子元器件知识	94	优秀							
8	HR0047	刘晓丽						2020T001	电子元器件知识	70	一般							
9	HR0059	何亮光						2020T001	电子元器件知识	79	一般							
10	HR0060	张远方						2020T001	电子元器件知识	89	良好							
11	HR0069	郝增娟						2020T001	电子元器件知识	73	一般							
12	HR0071	张王						2020T001	电子元器件知识	97	优秀							
13	HR0076	刘小伟						2020T001	电子元器件知识	91	优秀							
14	HR0077	吴婵娟						2020T001	电子元器件知识	89	良好							
15	HR0079	刘天龙						2020T001	电子元器件知识	73	一般							
16	HR0080	刘政芳						2020T001	电子元器件知识	94	优秀							
17	HR0081	赵芳辉						2020T001	电子元器件知识	83	良好							

●图 7-48　培训档案辅助表结构

▷▷ **STEP 2**：在 C2 单元格输入如下公式，向右拖动并向下填充。
=VLOOKUP($A2,员工信息 !$A:$G,COLUMN(C1),0)

在 L2 单元格输入如下公式，向右拖动并向下填充。

=VLOOKUP($H2,培训班统计表!$A:$N,MATCH(L$1,培训班统计表!$A$1:$N$1,0),0)

▶ **STEP 3**：生成数据透视表，将【员工编号】、【姓名】、【部门】、【岗位】、【性别】、【学历】、【入职时间】7个字段拖动到【行】区域，见图7-49。

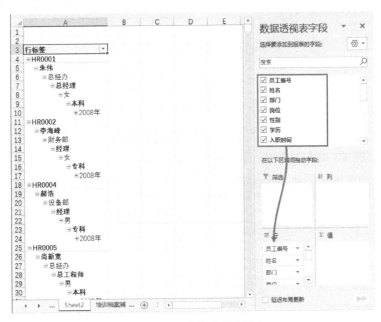

● 图 7-49　生成数据透视表

▶ **STEP 4**：在【设计】选项卡【布局】功能区【报表布局】下拉列表中选择【以表格形式显示】，见图7-50。

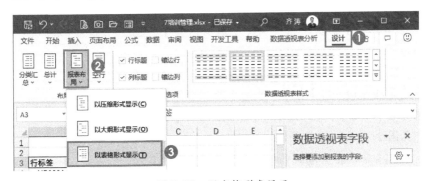

● 图 7-50　以表格形式显示

▶ STEP 5：在【总计】下拉列表中选择【对行和列禁用】，见图7-51。

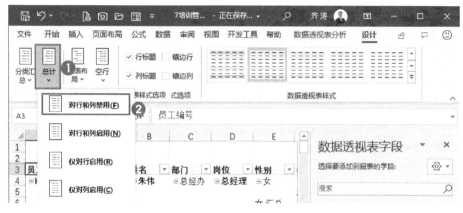

● 图7-51 对行和列禁用

▶ STEP 6：在【分类汇总】下拉列表中选择【不显示分类汇总】，见图7-52。

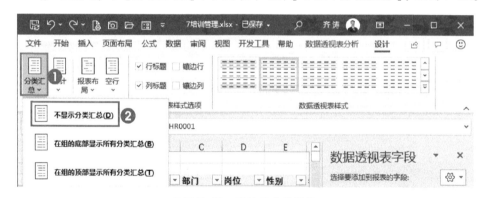

● 图7-52 不显示分类汇总

▶ STEP 7：在G列、H列或I列数据透视表区域任意一个单元格中右键单击，选择【取消组合】，见图7-53。

▶ STEP 8：在【数据透视表】选项卡【筛选】功能区单击【插入切片器】，在弹出的【插入切片器】对话框中勾选【姓名】、【部门】两个字段，单击【确定】按钮，见图7-54。

▶ STEP 9：在生成的【部门】和【姓名】两个切片器中，先后任意选择1个部门和1名员工，将数据透视表表格复制一份到A6单元格，完成后见图7-55。

● 图7-53 取消组合

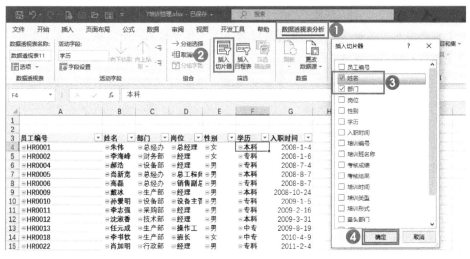

● 图 7-54　插入切片器

● 图 7-55　复制数据透视表表格内容

▶▶ **STEP 10**：将图 7-55 中下方的数据透视表中的字段移除，将【培训编号】、
【培训班名称】、【培训时间】、【培训类型】、【培训形式】、【牵头部门】、
【培训讲师】、【考核方式】、【考核结果】等字段拖动到【行】区域，将【考核
成绩】、【培训学时】字段拖动到【值】区域，单击鼠标右键取消【培训时间】组
合，完成后见图 7-56。

● 图 7-56　员工培训档案初步效果

▶▶ **STEP 11**：按组合键〈Ctrl+H〉调出【查找和替换】对话框，在【查找内容】文本框中输入"求和项："，在【替换为】文本框中输入一个空格，单击【全部替换】按钮，见图7-57。

●图7-57　查找和替换

在【数据透视表分析】选项卡中取消【字段列表】和【+/− 按钮】两个按钮的选择状态，见图7-58。

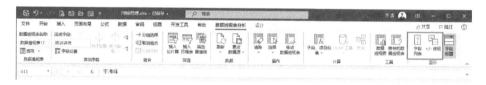

●图7-58　数据透视表设置

对表格进行美化，完成后效果见图7-59。

●图7-59　员工培训档案最终效果

这样在右侧切片器中选择不同的部门和员工，就会查看这名员工在2020年全年的培训情况。

CHAPTER

8

人力资源数据看板——
HR 进阶必备知识

数据中包含的信息众多,需要进行多角度的数据分析,而要把复杂、抽象的数据直观地展现出来,让 HR 和其他人员都能看懂数据,则需要数据可视化操作。但众多的可视化内容也会让人难以决策,这时候数据看板的作用就体现出来了。本章从数据看板的认识到数据看板的实操来全面讲解数据看板的知识。

8.1 什么是人力资源数据看板

提到数据看板,需要先认识数据可视化。数据是复杂的、抽象的、枯燥的,要想让数据易读、易懂,图形可视化是一个非常好的选择,通常可以用图表来理解可视化,它是最重要的可视化组件。

数据看板可以理解为多个可视化组件的集合,用来呈现当前的工作情况,以便及时掌握工作状态,助力工作决策。图 8-1 是一个简单的数据看板,用来呈现 2019 年 12 月份的员工信息数据。

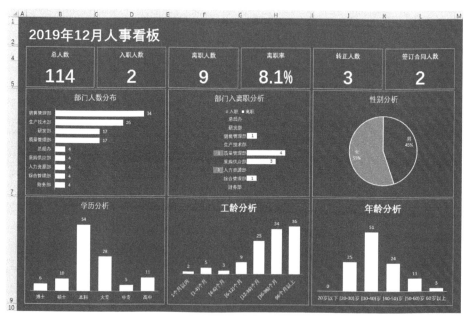

● 图 8-1 人事数据看板

数据看板并不是图表的集合,而是要根据实际情况来设计,数据看板设计有以下常见问题。

● 什么都想展示

人力资源管理日常中的数据量并不算大,但是对于一些 HR 来说,数据分析时面临的难度也不小,因为维度比较多,但是又不知道如何找到数据中的问题或规律,所以什么都想展示,导致图表众多。如果放在数据看板上,看起来会非常混乱,令看数据看板的人不能依据它及时做出决策。

所以什么都想展示只是图表的罗列，而不是真正的数据看板。要做一个合理的数据看板，就需要对实际情况有深入了解和分析，找出核心的内容，然后将无关的内容舍弃。

● 布局不合理

数据看板中的图表并不是简单的摆放到一起，这是不少人刚接触数据看板时容易犯的一个错误，往往会随意无序排布或者根据图表的大小来排布，增加了阅读和理解的难度。

数据看板布局要符合一定的逻辑，这样才可以清晰地传达信息或者快速地看到所存在的问题。

● 数据看板固定不变

数据看板所依据的管理环境、用户变动后，就需要及时进行变动，每个公司的数据看板是不同的，可以说数据看板是定制的。实际工作中一直存在直接照搬数据看板或者借用模板的情况，这种方法是错误的，必须要根据实际情况来制作自己的数据看板。

8.2 人力资源数据看板该如何布局

数据看板由多个可视化组件构成，如何让数据看板符合用户的阅读习惯、如何揭示多个可视化组件之间的联系、如何更好地让用户看明白数据看板想要传递的信息、如何让数据看板更加符合逻辑关系等，这些都是在布局数据看板时要考虑的问题。

人们在阅读时，通常遵循从上到下、从左到右的原则，如果把一个区域划分成九宫格，根据人们的视觉关注重点，数字越小代表关注度越高，见图 8-2。

1	2	3
2	1	4
3	4	5

●图 8-2 视觉关注重点

重要的指标要放在重点关注区域。一般来说，指标可以分为三类：关键绩效指标（KPI）、次要指标和辅助指标。

- KPI 是用户最关注的指标或者需要让用户关注的指标，一般用较大数字形式（大字报）表示，放在中间或左上角。
- 次要指标是用来解释或者辅助说明 KPI 的，这些指标是对 KPI 的进一步解释，它们从左上到右下来排布。
- 辅助指标是对次要指标的辅助说明、相对不重要的指标或者数据明细，它们向右下角排布。

根据视觉关注重点和指标的分级，数据看板的布局见图 8-3。需要注意的是，图中是按图的大小平均分布的，在实操中并不一定会完全遵循平均分布的做法。

●图 8-3　数据看板布局

8.3　人力资源数据看板必备三个实用技巧

用 Excel 完成数据看板是需要耗费不少时间的，所以要掌握一定的操作技巧，提高 HR 的工作效率。下面讲解一下人力资源数据看板必备的三个实用技巧。

1. 对象锚定操作

要把 Excel 对象（图表、图片、形状、控件等）无缝嵌入到单元格或数据区域中，如果仅靠鼠标拖动嵌入，并不是一件容易的事。

见图 8-4，要把图表嵌入到 B3:G15 数据区域。按住鼠标左键将图表拖动到数据区域的左上角，然后按住〈Alt〉键，图表的左侧和上侧边框会自动吸附到数据区域左侧和上侧，然后用鼠标继续调整图表大小，直到完全吸附到四个边框中为止。

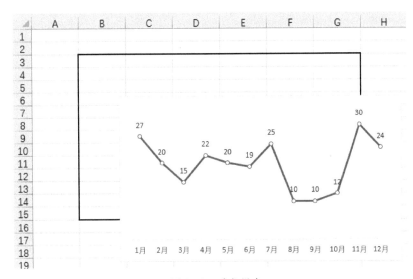

●图 8-4　对象锚定

2. 动态图片

数据看板的可视化组件众多，为避免误操作，可以使用【可链接的图片】方式将源区域放在其他位置，而将可链接的图片放在数据看板中，这样修改源数据时图片的内容也会随之改变。

具体操作复制源区域，在任意区域单击鼠标右键，在【选择性粘贴】列表中选择链接的图片，见图 8-5。

见图 8-6，将 1 月份数字修改为 50 并填充颜色后，图片中的内容也会随之改变。

●图 8-5　链接的图片操作

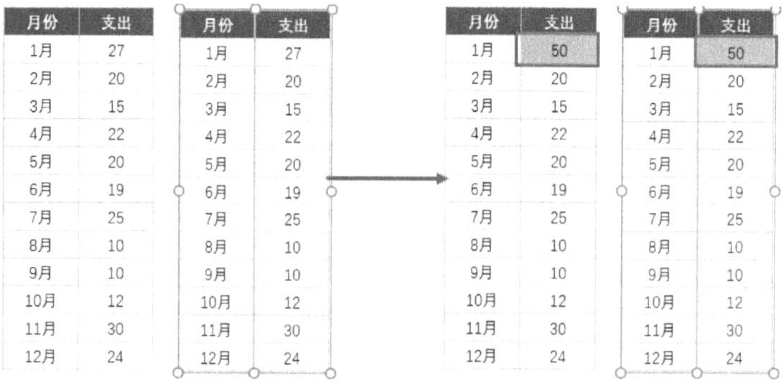

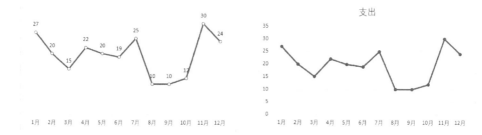

●图 8-6　链接的图片演示

3. 快速复制图表格式

数据看板中会出现多个图表，如果每个图表都调整格式，所耗费的时间非常多。可以使用快速复制图表格式的操作，直接将一个图表格式复制到另外一个图表。

见图 8-7，把图片中右侧的图表设置为左侧图表格式。

●图 8-7　快速复制图表格式

在左侧图表中按组合键〈Ctrl+C〉复制图表，然后单击选定右侧图表，在【开始】选项卡【粘贴】下拉列表中选择【选择性粘贴】，在【选择性粘贴】对话框中选择【格式】，单击【确定】按钮，见图 8-8。然后再适当调整图表即可。

●图 8-8　选择性粘贴

8.4　带你做一个令人惊艳的人事数据看板

　　前面学习了数据看板的理论和一些操作技巧，下面来实际做一个数据看板。本节以员工信息数据为例做一个人事数据看板，在图 8-1 中已经展示过，相关图表操作已在第 2 章中演示过，本例中将不再讲解图表操作。

　　此人事看板主要展示每月员工情况，并没有具体的离职分析，如果要考虑加入离职分析，需要重新设计数据看板。

▶ **STEP 1**：准备数据。以 2.9 节中的 2019 年 12 月人事月报表为例，将当月离职率、转正人数、签订劳动合同人数附在后面，见图 8-9。

	入职人数	离职人数	性别统计		学历统计						年龄统计					工龄统计					合计
部门			男	女	博士	硕士	本科	大专	中专	高中	20岁以下	[20-30]岁	[30-40]岁	[40-50]岁	[50-60]岁	60岁以上	1个月以内	[1-4)个月	[4-6)个月	[6-12)个月	[12-36)个月	[36-96)个月	96个月以上	

（表格数据，2019年12月人事月报表）

总经办、研发部、销售管理部、生产技术部、质量管理部、采购供应部、人力资源部、综合管理部、财务部、合计

离职率　8.1%
转正人数　3
签订合同人数　2

●图 8-9　人事月报表数据

▶ **STEP 2**：设置数据看板框架。设定 A、M 列列宽为 2，C、E、G、I、K 列列宽为 0.6，B、D、F、H、J、L 列列宽为 22，第 1、10 行行高为 14，第 2 行行高为 40，第 4 行行高为 28，第 5 行行高为 50，第 3、6、8 行行高为 3，第 7、9 行行高为 205，这样设置正好一页 A4 纸大小，见图 8-10。

▶ **STEP 3**：引用数据。B5、D5、F5、H5、J5、L5 五个单元格分别引用"月报表"工作表对应的数据。

▶ **STEP 4**：插入图表。根据"月报表"工作表中的数据生成人事看板中指定的图表，完成后见图 8-11。

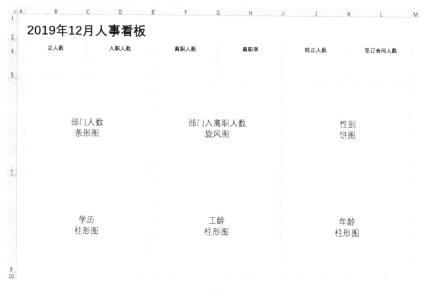

●图 8-10　数据看板框架

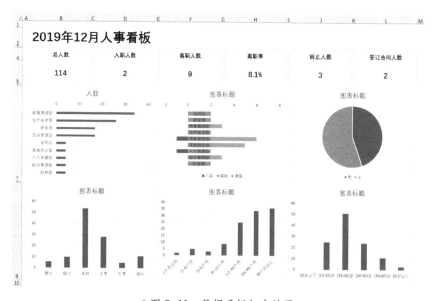

●图 8-11　数据看板初步效果

▷▷ STEP 5：美化数据看板。设置数据看板的各个可视化组件，完成后效果见
图 8-1。